2. uudistettu painos
© Kirjan tekijät: Anita Salmi ja Olavi Salmi
© Kansikuva: Heimo Saariketun perhe 1950-luvun alussa,
Pirjo Saarikettu-Pellisen albumista. Tämän kuvan
käsittely, valokuvaaja Esko Keski-Vähälä.
© Kirjan valokuvat pääosin yksityisistä albumeista.
Lisäksi kuvia Pro Agrian arkistosta ja sen Maa elää -julkaisusta sekä
Perhon koulutoimen historiasta.
Kirjan toimitus, ulkoasu ja taitto: Anita Salmi.

Nimikkeen automaattinen analysointi, tietojen, erityisesti mallien, trendien ja korrelaation saamiseksi 13b § ("tekstin ja tiedonlouhinta") mukaisesti on kielletty.

1.painos julkaistu nimellä: Asutustoiminnalla luotiin kyliä tyhjästä.

Perhon Mökälä kukoisti hetken korvenraivaajien työllä. (2019)
Tekijät samat. Uusi kustantaja ja valmistaja.
Kustantaja: BoD · Books on Demand GmbH, Helsinki, Suomi
Kirjapaino: Libri Plureos GmbH, Hampuri, Saksa

ISBN: 978-952-80-7262-1

Anita Salmi – Olavi Salmi

Muistojen Mökälä

Asutuskylä Perhossa kukoisti hetken korvenraivaajien työllä

Mökälän asutustoiminnan alkamisesta
on v. 2019 kulunut 70 vuotta.

Sisällys

II OSIO

Sivu

Mökälän asutustilallisten lasten muistoja

Alkusanat

Kirja Mökälästä, asutustilojen kylästä syntyi toimittaja Anne Saariketun ideasta. Hän teki Keskipohjanmaan juhlalehteen 4.12.2017 jutun aiheeseen liittyen. Hän kiinnostui tästä lähes tyhjentyneestä syrjäkylästä ja toivoi lisää tietoa siitä ja sen historiasta. Nyt tuolloin virinneet ajatukset ovat kirjana.

Aluksi lähdimme kehittämään kirjaa paljolti Mökälän mittakaavassa sekä tarinoiden ja muistojen pohjalta. Vähitellen muotoutui suunnitelma tehdä teos, jossa kuvaillaan niiden ohella laajemmin Suomen aluekehitystä ja maaseudun kehitystä. Asutuspolitiikka ja asutustilat ovat osa tätä. Mökälä on yksi esimerkki. Tosin poikkeuksena on ehkä se, että kylä syntyi tiettömään korpeen. Sen nousu ja kukoistus sekä vähittäinen hiipuminen on silti pienessä mittakaavassa sitä, mitä on tapahtunut Suomen aluekehityksessä ja tapahtuu yhä, varsinkin maaseutualueilla.

Kirjassa edetään yleisestä kehityksestä yksityiseen ja pienempiin ympyröihin, aina henkilökohtaiselle tasolle. Eri teemojen avulla kuvaillaan, miten muutos ja murros on näkynyt ja näkyy.

Teos jakautuu kahteen erilliseen osioon. Sen ensimmäisen, yleisen osan alussa, emeritusprofessori Hannu Katajamäki lähestyy aihetta laajasta perspektiivistä. Suomen aluekehityksen historialliset kerrostumat -artikkeli kuvailee alueiden ja maaseudun kehitystä eri aikakausina. Ilman historiaa emme tunne nykyisyyttä. Toisaalta mikään vaihe ei ole irrallinen toisesta, vaan ne menevät limittäin ja lomittain. Eri kehitysvaiheiden vaikutus säilyy, vaikka ne eivät ehkä sellaisenaan näyttäydy nykyhetkessä.

Asutuspolitiikalla on ollut merkittävä rooli Suomessa itsenäisyyden ajalla. Kirjan tekijöiden teemat käsittelevät tätä aihepiiriä lähemmin, osana maaseudun kehitystä. Niissä tarkastellaan, mitä sodan jälkeinen asuttamisen vaihe merkitsi Mökälälle 1950-luvun taitteessa ja sen jälkeen. Teksteissä kuvataan myös kylän historiaa ja nykypäivää.

Olemme saaneet teokseen edellä mainitun Anne Saariketun lehtikirjoituksen ohella YTT Erkki Kujalan kirjasta lainauksen, kahden asutustilallisparin arjesta Mökälässä. Perholainen, kokenut kunnallispoliitikko Antti Hietaniemi toimi aikanaan kunnan maataloussihteerinä ja käsitteli tuolloin myös asutustilallisten asioita. Hänen haastattelunsa on niin ikään kirjassa. Yleisen osion lopussa on yhteenveto Mökälän kehityksestä osana aluekehitystä.

Teoksen toisessa, erillisessä osiossa on asutustilallisten lasten muistoja. Niissä kuvaillaan, millaista elämä oli kylän alkaessa muotoutua ja sen kukoistuskaudella. Asutustilojen kylässä asuminen ei isosti poikennut maaseudun elämästä tuohon aikaan, 1950-luvun taitteessa ja 1960-luvulla. Ehkä se oli työteliäämpää, ehkä ei. Yhteisöllistä se kuitenkin oli, sillä kaikki uudisraivaajaperheet olivat samassa tilanteessa.

Tänä kesänä, 2019, tulee kuluneeksi 70 vuotta siitä, kun ensimmäiset asutustilallisten perheet muuttivat Mökälään. Suurin toivein kulmakunnalle tulleet perheet joutuivat yksi toisensa jälkeen toteamaan, että Mökälän karut, hallaiset pellot eivät pysty antamaan edes kohtuullista toimeentuloa. Metsistäkään ei saatu riittävästi lisätuloa.

Kun nyt ajamme aikoinaan kovasti odotettua tietä Kinnulasta Perhoon, näemme Mökälän kohdalla vain metsittyneitä peltoja. Suurella vaivalla raivatut peltoläntit ovat muuttumassa ja osin muuttuneet kitukasvuiseksi metsäksi.

Reino ja Eva, Erkki ja Laina, Lennart ja Maria, Leevi ja Vieno, Heimo ja Rauha, Armas ja Edit, Onni ja Liisa, Väinö ja Vieno, Julius ja Aune, Heikki ja Vieno, Erkki ja Lahja, Elias ja Elli, Eino ja Martta, Martti ja Aino, Väinö ja Rauha, Jorma ja Hilda, Heimo ja Helmi, Tauno ja Laina, Vilpas ja Rauha, Jukka ja Aili. Te olitte sankareita kaikki.

Me, teidän lapsenne, eivätkä muutkaan aikalaisenne teidän elin-aikananne osanneet antaa sitä tunnustusta, mikä teille olisi kuulunut. Nyt se on myöhäistä. Te ehditte jo poistua keskuudestamme iäksi. Vain muistot ovat jäljellä.

Tämä kirja olkoon kuitenkin lämmin kiitoksemme teille asutustilallisille, korven raivaajille. Teoksen sivuilta toivomme saatavan käsityksen mittavasta, arvokkaasta työstä, minkä aikanaan teitte perheidenne eteen ja samalla osaltanne koko Suomen jälleenrakennuksen vuosina.

Kiitokset myös teille kaikille, jotka olette kirjoituksin, osallistumalla haastatteluihin, luovuttamalla kuvia käyttöön ja muulla aineistolla edesauttaneet tämän kirjan aikaan saamisessa.

Kirjan tekijät

Anita Salmi
asutustilallisen tytär

Olavi Salmi
asutustilallisen poika

Alueiden ja maaseudun kehitys eivät kulje sykleissä vaan eri historialliset kerrostumat kietoutuvat toisiinsa. Ne näkyvät yhä nykyisyydessä. Perhon Mökälän kylä on osa tätä kehitystä.

Hannu Katajamäki
Aluetieteen emeritusprofessori
Vaasan yliopisto

Suomen aluekehityksen historialliset kerrostumat

Aluekehityksen indikaattoreita ovat esimerkiksi väestönkehitys ja työpaikkakehitys sekä hyvinvoinnin eri osatekijöiden osoittimet. En kuitenkaan tässä yhteydessä käsittele määrällisiä suureita, vaan keskityn aluekehitystä jäsentäviin yhteiskunnallisiin kehityskulkuihin. Näkökulmani on laadullinen.

Aluekehitystä muovanneet yhteiskunnalliset ilmiöt eivät seuraa toisiaan kronologisesti, vaan limittyen ja toisiinsa kietoutuen. Aluekehitystä muovan-neeet ilmiöt kerrostuvat; niiden vaikutus säilyy, vaikka ne eivät enää olisikaan aktiivisesti vaikuttamassa nykyhetkessä. Kerrostumisen periaate korostaa historian tähdellisyyttä aluekehityksen perustavanlaatuisuuksien pohdinnoissa.

Itä-länsi eriytyminen

Maanviljelyn varhainen muoto oli myös Suomessa kaskiviljely. Se perustui metsään: poltettujen puiden tuhka antoi maalle kasvuvoimaa. Alunperin kaskiviljelyä harrastettiin koko maassa. Vähitellen se alkoi vähentyä Etelä- ja Länsi-Suomesta, jossa oli hyvät luontaiset edellytykset kiinteään pelto-viljelyyn. Jo 100-luvulta alkaen on Lounais-Suomessa merkkejä peltoviljelyn yleistymisestä. Kaskiviljely säilytti keskeisen asemansa Itä-Suomessa 1800-luvulle asti. Länsisuomalaiset ja itäsuomalaiset kylät poikkesivat toisistaan siten, että edelliset olivat 1800-luvulle asti tiheästi rakennettuja talojen ryhmiä, kun taas nykyisessä Itä-Suomessa liikkumista edellyttävä kaskitalous synnytti harvan asutuksen.

Suomessa käynnistettiin 1700-luvulla isojako ja sitä täydensi 1800-luvun puolivälissä uusjako. Uusjaon lopputuloksena pellot ja metsän jaettiin yhtenäisinä maa-aloina talonpojille. Tämän seurauksena Etelä- ja Länsi-Suomen ryhmäkylät hajaantuivat, koska uudisrakennukset sijoitettiin esimerkiksi perinnönjakojen yhteydessä omien peltojen äärelle. Tähän liittyi myös kylien itsehallinnon vaimentuminen, jota vauhditti vuonna 1865 annettu asetus kuntien perustamisesta. Tämä siirsi päätöksenteon kirkonkyliin. Kylistä tuli monenlaisen kansalaistoiminnan paikkoja.

Suomessa koettiin ankarat nälkävuodet 1860-luvun lopussa; kahden peräk-käisen katovuoden seurauksena aliravitsemukseen ja tauteihin kuoli 140 000 ihmistä, melkein 10 % kansasta. Tämän tragedian seurauksena maaseudulla alettiin ymmärtää monipuolisuuden merkitys. Romah-duksen jälkeen alkoi sitkeä pyrkimys kohti elintavikeomavaraisuutta. Erityisesti Etelä- ja Länsi-Suomen maataloutta alettiin kehittää. Peltoala lähes kaksinkertaistui vuodesta 1880 vuoteen 1910. Itä-Suomen maatalouden malliksi vakiintui 1800-luvun lopun vuosikymmeninä pienimuotoisen viljelyn, karjanhoidon ja metsätöiden yhdistelmä.

Suomen pieniin tiloihin perustuva maatalouden rakenne vahvistui, kun Suomen itsenäistyttyä torppareista tuli talonpoikia. Uusien maatilojen perustamista edistettiin myös vuonna 1922 säädetyllä Lex Kalliolla, jonka avulla haluttiin edistää uusien tilojen perustamista Itä-Suomeen. Tähän liittyi lisäksi maanpuolustuksellinen ulottuvuus. Sama motiivi oli niin ikään Ruotsin kuninkailla, kun he 1500- ja 1600 -luvulla halusivat edistää kaskitalouteen perustuvaa Itä-Suomen asuttamista. Maaseudun pien-tilavaltaisuus vahvistui 1950-luvulle asti, kun toisen maailmansodan jäl-keen merkittävälle osalle Karjalan siirtolaisista lohkottiin maan-hankintalain perusteella tiloja lähinnä Etelä- ja Länsi-Suomesta. Itä-Suomeen perustettiin runsaasti rintamamiestiloja, joiden riippuvuus metsätöistä oli erittäin suuri.

Suomen maaseudulle syntyi vuosisatojen aikana pieniin paikallis-yhteisöihin perustuva rakenne. Tätä korosti, että Suomeen 1800-luvun lopussa perustetut kunnat haluttiin maaseudulla samanrajaisiksi seurakuntien kanssa. Kunnallishallinto on tukenut pieniin paikallis-yhteisöihin perustuvaa kehitystä. Historialliselta olemukseltaan Suomi on pienten paikallisyhteisöjen mosaiikki, jossa jako maaseutuun ja kaupunkeihin on keinotekoinen.

Tervatalous

Tervatalouden kukoistuskausi kesti Suomessa 200 vuotta: 1600-luvun alusta 1800-luvun alkuun. Tervan kysyntää lisäsivät löytöretket ja siirtomaavallan eteneminen. Tämä oli globalisaation ensimmäinen vaihe. Terva oli välttämätön laivojen puuosien ja köysistöjen kyllästysaine. Suomen runsaat metsävarat sopivat suurisuuntaiseen tervantuotantoon aikana, jolloin suomalaisen puutavaran kuljettaminen Keski-Euroopan markkinoille ei kuljetuskustannusten vuoksi ollut vielä taloudellisesti kannattavaa. Suurvalta Ruotsin alueellisessa työnjaossa erityisesti pohjalaismaakunnista tuli tärkeimpiä tervantuottajia. Terva oli Suomen ensimmäinen teollisuusmainen vientituote.

Tervatalouden aikana metsänkäytöön perustuvat tuotantomuodot järjes-tyivät kolmeksi länsi-itä -suuntaiseksi vyöhykkeeksi. Läntisimmällä rannikkovyöhykkeellä tuotettiin puutavaroita laivanrakennuksen tarpeisiin ja rakennettiin laivoja. Keskimmäinen oli tervantuotantoalue ja itäisimpänä oli kaskialue. Etelä-Suomessa erottui saha-, ruukki- ja laivanrakennusalueita.

Tervakausi toi vaurautta pohjalaismaakuntiin. Tervan aika päättyi 1800-luvun mittaan.Tähän reagoitiin kolmella tavalla. Ensinnäkin yli 100 000 pohjalaista muutti 1800-luvun lopussa ja 1900-luvun alussa siirtolaisiksi Pohjois-Amerikkaan. Toiseksi kehitettiin voimakkaasti maataloutta. Tämän seurauksena pohjalainen maatalous on vielä nykyäänkin Suomen maatalous pienoiskoossa. Kolmanneksi pohjalaismaakunnissa alkoi syntyä perinteiseen käsityötaitoon peruvia pienyrityksiä. Saman alan yritykset sijoittuivat lähelle toisiaan. Näin syntyi maaseudulla sijaitsevia toimialakeskittymiä.

Reaktiona tervatalouden hiipumiselle erityisesti nykyisen Etelä-Pohjanmaan ja rannikon Pohjanmaan rooliksi alueellisessa työnjaossa tuli monipuolinen elintarviketalous sekä maaseudun teollinen pienyrittäjyys. Pohjanlahden kaupungit teollistuivat tervakaupan synnyttämien pääomien siivittäminä. Tervakaupan ajoista juontuvan perinteen mukaisesti monet rannikon teollisuusyritykset ovat suuntautuneet vientiin. Vaasan seudulla on nykyisin yli 10 000:nnen työpaikan energiateollisuuden keskittymä; sen tuotannosta noin 70 prosenttia menee vientiin.

Metsäteollisuus

Metsäteollisuuden nousu alkoi Suomessa 1830-luvulla. Kiihdytysvaihe oli 1870-luvulta eteenpäin. Pohjanmaa jäi syrjään metsäteollisuuden noususta, koska tervantuotannon ja laivanrakennuksen kuluttamat metsät eivät 1800-luvun loppuvuosikymmeninä tarjonneet riittävästi raaka-ainetta sahoille, hiomoille eikä selluloosa- ja paperitehtaille. Muualla maassa metsäteollisuus sijoittui vesistöjärjestelmien suualueille laajojen puunhankinta-alueiden tyviosiin. Alkoi muodostua metsäsektorille ominaisia työnjaollisia suppiloita, joissa melko pienelle alueelle keskittynyt jalostus työllisti metsätöiden ja puunkuljetuksen kautta laajan takamaan.

Metsäteollisuuden nousun teki mahdolliseksi tiukkaan sääntelyn perustuvan merkantilismin purkaantuminen. Taloudellinen liberalismi omaksuttiin Suomessa 1800-luvun lopun vuosikymmeninä. Uudistukset alkoivat 1850-luvulla, kun keisari Aleksanteri II tuli Suomen suuri-ruhtinaaksi. Metsäteollisuuden kannalta tärkeä etappi oli höyrysahojen salliminen 1850-luvun lopussa. Sen jälkeen suuret vientisahat sijoittuivat vesistöalueiden suuosiin. Enää ne eivät olleet riippuvaisia koskivoimasta. Itä-ja Pohjois-Suomen maaseutuväestölle metsätyöt toivat lisä-ansiomahdollisuuksia: Kymenlaaksoon ja Saimaan etelärannalle sijoittuneet tehtaat ulottivat puunhankinta-alueensa Kainuuseen asti; Kemi-Tornio alueen tehtaat Lapin kaukaisia perukoita myöten.

Tärkeä merkantilismin kumoutumisen seuraus oli myös se, että maaseudun tilaton väestö saattoi muuttaa laajeneviin teollisuuskeskuksiin alueellisen liikkuvuuden sallimisen seurauksena. Samalla syntyi useita metsäteollisuudesta riippuvaisia paikallisyhteisöjä. Metsäteollisuuden lisääntyvät kuljetustarpeet kiihdyttivät rautateiden rakentamista. Oli myös opittava rakentamaan tehokkaita jäänmurtajia, jotta metsä-teollisuuden ympärivuotinen vienti tuli mahdolliseksi.

Metsäteollisuus vahvisti 1900-luvun alkuun menessä Itä- ja Pohjois-Suomen maaseutualueiden aseman alueellisessa työnjaossa; niistä tuli pienviljelyn, karjanhoidon ja metsätöiden alue, jossa metsätyön merkitys oli niin suuri, että voidaan puhua Savotta-Suomesta.

Metsäteollisuuden läpimurto laajensi rahatalouden suureen osaan maata. Kotimarkkinateollisuus vahvistui: kulutustavaroiden ja elintarvikkeiden teollinen valmistus alkoi laajentua 1800-luvun loppupuolelta alkaen. Tästä hyötyivät etenkin metsäteollisuuden noususta syrjään jääneet Pohjanmaan rannikkoalueen kaupungit sekä niitä ympäröivät maa-seudut: oli mahdollisuus erikoistua kotimarkkinoita palvelevaan yrittäjyyteen, esimerkiksi huonekalu-, vaatetus-, tekstiili- ja leipä-teollisuuteen. Myös Etelä-Suomen kaupungit hyötyivät kotimarkkinoiden kysynnän lisääntymisestä.

Maaseudun murros

Suomalaisen maaseudun murros alkoi hiipien 1950-luvun puolivälistä alkaen. Maatalouteen ja metsätalouteen liittyvät työt alkoivat koneellistua, ja ihmistyövoiman tarve maaseudulla vähentyä. Toisen maailmansodan jälkeen syntyneet suuret ikäluokat tulivat täysi-ikäisiksi. Maaseudulla oli 1960-luvulla runsaasti liikaväestöä. Samoihin aikoihin Etelä-Suomen keskukset alkoivat tarjota työ- ja opiskelumahdollisuuksia. Käynnistyi suuri muutto maaseudulta kaupunkeihin.

Erityisen runsas väestön purkaus oli Itä- ja Pohjois-Suomesta. Tässä vaiheessa maaseutujen ja kaupunkien suhde alkoi muuttua. Kaupunkien muuttovoitto muokkasi kaupunkirakenteita. Lähiöiden rakentaminen ja kaupunkiseutujen hajaantuminen alkoivat. Pian puhuttiin seutuistumisesta. Yhteiskunnan painopisteen siirtyminen maaseuduilta kaupunkeihin aloitti pohdinnat suomalaisesta kaupungistumisesta ja urbaanin yhteiskunnan identiteetistä. Maaseutualueilla oli pohdittava agraarimaaseudun jälkeistä aikaa: mistä saadaan uusia toimeentulomahdollisuuksia, miten kehitetään yhdessä omaa kotiseutua tilanteessa, jossa erityisesti suuri osa nuorista muuttaa pois.

Etelä-Suomen työmarkkinat eivät olisi 1960-luvulla lopussa ja 1970-luvulla pystyneet ottamaan vastaan kaikkia maaseudulta muuttavia. Tässä tilanteessa tuli avuksi vuonna 1954 solmittu sopimus yhteispohjoismaisista työmarkkinoista, jonka perusteella suomalaiset saattoivat siirtyä ilman muodollisuuksia Ruotsiin työhön. Siirtolaisuus Ruotsiin oli 1960-luvun lopussa niin runsasta, että vuosina 1969-1970 Suomen väkiluku väheni.

Suomessa saavutettiin elintarvikeomavaraisuus 1960-luvulla. Pian alkoi ilmetä jo ylituotantoa. Maataloudessa alkoi rakennepolitiikka. Sen avulla pyrittiin elintarvikkeiden tuotannon ja kulutuksen määrälliseen ja laadulliseen sopeuttamiseen. Pienimmät tilat haluttiin pois tuotannosta. Tämän edistämiseksi kehitettiin uusia maatalouspoliittisia välineitä. Maatilatalouden verotusta muutettiin niin, että suurentuvat ja uuteen maatalousteknologiaan investoivat tilat saivat verotuksellista etua. Otettiin käyttöön pellonvarausjärjestelmä: viljelijä sai valtiolta rahallisen korvauksen, jos hän jätti peltojaan viljelemättä. Pian alettiin puhua pakettipelloista.

Maatalouden ensimmäiset rakennepoliittiset toimet järkyttivät erityisesti Itä- ja Pohjois-Suomen pienviljelijöitä, jotka sotansa sotineina ja peltohehtaarinsa raivanneina tulkitsivat tulleensa petetyiksi: yhteiskunta ei antanut elämäntyölle mitään arvoa. Katkeruus leimahti vuoden 1970 eduskuntavaaleissa. Maaseudun unohdettuun kansaan taitavasti vedonnut Suomen Maaseudun Puolue (SMP) lisäsi kansanedustajiensa määrän yhdestä kahdeksaantoista. Vuoden 2011 eduskuntavaaleihin asti oletettiin, etteivät näin suuret poliittiset liikahdukset enää ole mahdollisia. SMP:n etiäisenä syntynyt perussuomalaiset kuitenkin kumosi tämän teorian.

Suomen kaltaisessa pienen väestön, vaihtelevan asukastiheyden ja suuren maantieteen maassa kansalaisten hyvän elämän edellytysten turvaaminen on edellyttänyt erityisen vahvaa paikallisuutta. Maaseudun paikallisuus asettui kyliin. Vuonna 1865 perustetut kunnat eivät lopettaneet kylien vahvaa yhteistoiminnallisuutta, vaikka hallinto keskittyikin kirkonkyliin. Nuoriso-seurat ja muut kansalaisjärjestöt kukoistivat kylissä maaseudun suureen murrokseen asti 1970-luvulle.

Maaseudun murros vähensi maaseudun perinteisten kansalaisjärjestöjen jäsenmääriä. Tuli tilaus uudenlaiselle toimintatavalle, joka yhdistäisi kylien vähenevät asukkaat yhteiseen toimintaan oman kylän hyväksi. Syntyi idea kaikkia kyläläisiä yhdistävästä kylätoiminnasta.

Tärkeä rooli kylätoiminnan vahvistumisessa oli Tampereen yliopiston aluetieteen professori Lauri Hautamäen johtamalla Kylätutkimus 76 -hankkeella. Sen aikana löydetyt toimintamallit alkoivat nopeasti levitä. Nykyään kylätoimintaa on yli 3 000:ssa kylässä. Suomen vahva kylätoiminnan perinne on auttanut EU:n kautta tulevien maaseudun kehittämisvälineiden hyödyntämisessä. Erityisen hyviä kokemuksia Suomessa on saatu maaseudun paikallista aloitteellisuutta tukevan Leader -metodin soveltamisesta, jossa Suomi on EU:n kärkimaa.

Erityisesti työläiskaupunginosat olivat 1960-luvulle asti vahvan yhteisöllisyyden alueita. Ne olivat kylien kaltaisia tiiviin yhteistoiminnan paikkoja, joissa järjestötoiminta oli monipuolista. Perinteisten työläisyhteisöjen murros ajoittui samoihin aikoihin 1960- ja 1970 -luvuille kuin maaseudun rakennemuutos. Työläiskaupunginosista muutettiin lähiöihin, vanhat puutalokorttelit ja rykelmäiset asuinalueet korvautuivat keskiluokan kerros-, rivi- ja omakotitaloilla. Kaupunkeihin ei kuitenkaan syntynyt kylätoimintaan verrattavaa paikkaperustaista aktiivisuutta.

Kaupunkikeskustojen yhtenäisyys särkyi 1960-luvulla, kun moderniksi tulkittiin vanhojen rakennusten purkaminen ja uudisrakentamisen lisääminen. Tällä tavoin tärveltyi esimerkiksi Turun keskusta sekä monet perinteiset puutalokaupungit. Myös maaseudulla alettiin 1960-luvulla tulkita laatikkoarkkitehtuuri uuden ajan ja edistyksen airueeksi. Vanhat kirkonkylämiljööt saivat väistyä.

Hyvinvointivaltio

Ruotsista saatujen vaikutteiden innoittamana Suomessa alkoi hyvinvointivaltion rakentaminen suuren murroksen 1960-luvulla. Hyvinvointivaltiossa yhteiskunta takaa verovaroin kansalaisille laajat peruspalvelut varallisuudesta ja asuinpaikasta riippumatta. Hyvinvointivaltio arvioitiin oikeudenmukaiseksi ja kansallisen eheyttämisen politiikkaa toteuttavaksi, mutta samalla myös taloudellisen kasvun näkökulmasta ihanteelliseksi Suomen kaltaiselle pienelle kansakunnalle.

Suomalaisen hyvinvointivaltion lähtökohdat määritteli Pekka Kuusi vuonna 1961 ilmestyneessä teoksessaan "60-luvun sosiaalipolitiikka". Niin ikään toinen maineikas sosiaalipoliitikko Heikki Waris oli keskeinen vaikuttaja suomalaisen hyvinvointimallin muotoutumisessa. Waris näki, että kansalais-järjestöillä on hyvinvointivaltiossa tärkeitä valtiota ja kuntia täydentäviä tehtäviä.

Jo 1950-luvulla perustettu Valtakunnansuunnittelutoimisto tuotti analyyseja siitä, miten Suomen kaikkien alueiden henkisiä ja aineellisia resursseja voitaisiiin käyttää hyvinvoinnin ja kansallisen eheyden edistämisessä. Näitä tematiikkoja käsitteli myös Urho Kekkonen vuonna 1952 julkaisemassaan maineikkaassa pamfletissa "Onko maallamme malttia vaurastua?" Hyvinvointivaltioidean mukaisia ovat niin ikään Suomen hajautetut yliopisto- ja ammattikorkeakouluverkostot.

Hyvinvointivaltion palvelujen järjestämisessä kunnilla on ollut alusta lähtien tärkeä rooli; ne ovat hyvinvointivaltion paikallisia käsiä. Suomessa arvioitiin 1960-luvun lopulla, että hyvinvointivaltio ei voinut perustua senaikaisiin pieniin kuntiin. Kaikkiaan kuntia oli noin 500.

Kunnan minimikooksi määriteltiin 4 000 asukasta ja tästä lähtökohdasta Suomessa suunniteltiin kuntauudistus, jonka jälkeen kuntia olisi jäänyt noin 300.

Suurta kuntauudistusta ei kuitenkaan tehty, koska poliittinen yksimielisyys puuttui. Suomen hyvinvointivaltio rakentuikin selvästi pienempien kuntien kautta kuin Ruotsissa, jossa toteutettiin radikaali kuntareformi ja päädyttiin 1970-luvun alussa alle 300:aan kuntaan. Systemaattista vertailututkimusta ei ole tehty, mutta ilman syvällisempääkin tarkastelua on selvää, että Ruotsin aluerakenne on Suomea selkeästi keskittyneempi. Kuntakoon erilaisuus saattaa olla yksi taustaselittäjä. Huolimatta voimakkaasta rakennemuutoksesta maaseudulla ja kaupungeissa, hyvinvointivaltion resurssit kohdentuivat Suomessa pienten kuntien ansiosta maantieteellisesti arvioituna huomattavan hajautuneesti.

Hyvinvointivaltion vahvistumisen vuosikymmenille ajoittuu myös teollistavan aluepolitiikan suuri aika. Sen ansiosta moniin kirkonkyliin syntyi työvoimavaltaista teollisuutta. Hyvinvointivaltion ohessa teollistava aluepolitiikka tasoitti alueiden välisiä kehittyneisyyseroja 1970- ja 1980-luvulla. Syntynyt teollisuus ei kuitenkaan ollut pitkäaikaista. Esimerkiksi Neuvostoliiton kaupan varassa kukoistanut kehitysalueiden valmisvaateteollisuus menetettiin lyhyessä ajassa 1980- ja 1990-lukujen taitteessa.

Kansalaisjärjestöt saivat hyvinvointivaltiossa peruspalveluja täydentäviä tehtäviä, jotka liittyivät esimerkiksi lasten päivähoitoon, perhe-, päihde- ja nuorisotyöhön sekä vanhus- ja kotipalveluihin. Pienet kunnat turvasivat myös kansalaisjärjestöjen hajautuneet toimintamuodot. Klassinen hyvinvointivaltio ylläpiti paikallisuutta tehokkaasti. Suomi oli 1990-luvulle asti vahvan paikkaperustaisuuden yhteiskunta.

Kilpailuvaltio

Useiden tekijöiden summana Suomi ajautui 1990-luvun alussa syvään lamaan. Työttömyys nousi lyhyessä ajassa yli 500 000:een, pankkijärjestelmä horjui, valtion ja kuntien talous kriisiytyi, ulkomainen lainananto uhkasi tyrehtyä. Hyvinvointivaltion turvaverkot kestivät palkkatyötä tehneiden kohdalla juuri ja juuri. Monien yrittäjien elämäntyö kuitenkin tuhoutui, ja siitä seurasi kohtuuttomia seurauksia heille ja heidän läheisilleen. Talouden nousu alkoi uuden informaatio- ja kommunikaatioteknologian kirittämänä. Kärjessä oli Nokia.

Uusi talous oli alueittain valikoivaa. Se suosi erityisesti suurehkoja yliopistokaupunkeja. Samalla alkoi metsäteollisuuden uuden kilpailulogiikan aika, jossa yritysten toimipaikkojen sijaintia pohditaan globaalissa perspektiivissä. Tässä asetelmassa Suomen perinteiset metsäteollisuuspaikkakunnat eivät enää välttämättä ole kilpailukykyisiä. Viimeaikaiset suurinvestoinnit esimerkiksi Äänekoskelle lupaavat kuitenkin parempia aikoja. Metsäteollisuuden aika ei ole ohitse.

Uuden talouden rakenteet kestivät vain 10 - 15 vuotta. Nokian sankaritarina maailman tärkeimpänä matkapuhelinvalmistajana hiipui yllättävän nopeasti. Tämä kertoo taloudellisen muutoksen nopeutumisesta, talouden raskaan hengityksen tihentymisestä.

Suomen ulkoiset riippuvuussuhteet vahvistuivat 1990-luvun uuden taloudellisen nousun myötä. Menestymisen globaalitaloudessa tulkittiin edellyttävän klassisen hyvinvointivaltion keventämistä ja tehostamista. Näköpiirissä olivat myös suurten ikäluokkien jääminen eläkkeelle ja pienten ikäluokkien tulo työelämään. Huoltosuhteen epäsuotuisan kehityksen arvioitiin edellyttävän suuria julkisen hallinnon rakennemuutoksia. Yrityksiin ei arvioitu riittävän henkilöstöä ilman julkisen sektorin tehostamista.

Hyvinvointipalveluista haluttiin pitää edelleen kiinni, mutta palvelurakenteiden uudistaminen nähtiin välttämättömäksi. Hyvinvointivaltion sijaan alettiin puhua hyvinvointiyhteiskunnasta. Käsitteen vaihtuminen kertoo ajattelutavan muutoksesta: valtio ei enää yksin huolehdi kansalaisten peruspalveluista, vaan mukaan tarvitaan aikaisempaa vahvemmin yrityksiä ja kansalaisjärjestöjä. Myös yksittäisiltä kansalaisilta edellytetään suurempaa vastuuta itsestään ja kanssaihmisistään.

Valtionhallinnossa käynnistettiin tuottavuusohjelma ja kunnallishallinnossa alettiin korostaa kuntaliitoksia, erityisesti kaupunkiseuduilla. Julkisten organisaatioiden johtaminen alettiin tulkita yritysjohtamisen kaltaiseksi. Suomessa omaksuttiin kansaivälisten vaikutteiden innoittamana uudenlainen hallintotapa, New Public Management. Hyvinvointivaltio alkoi muuntua kilpailuvaltioksi.

Enää ei nähty tarpeelliseksi arvioida yhteiskunnallisia päätöksiä paikallisyhteisöjen näkökulmasta. Palveluja alettiin tarkastella hallintokeskeisesti. Kansalaisista tuli asiakkaita. Eri hallinnonalojen edustajat ryhtyivät arvioimaan, kuinka suuren väestöpohjan niiden järjestämät palvelut vähintään tarvitsevat. Päädyttiin huomattavaan yksikkökokojen suurentamisen tarpeeseen. Kukin hallinnonala teki arvioitaan itsenäisesti ja päätti rakenteidensa tehostamisesta oman logiikkansa mukaisesti. Tätä kutsutaan osaoptimoinniksi.

Kansalaisten katsannosta valtionhallinnon osaoptimointi näkyy hallintoalueiden suurentumisena ja palveluiden keskittymisenä sekä tästä seuraavana palveluiden hankkimisen vaikeutumisena. Kansalaisten ja paikallisyhteisöjen näkökulmia ei oteta entisenveroisesti huomioon. Suurentuneissa kunnissa ei ole kehitetty toimivaltaisia lähidemokratian muotoja, vaan on tyydytty erilaisiin lausuntoja antaviin alue-elimiin ja internetin palautejärjestelmiin; niiden avulla kansalaiset pystyvät kuitenkin vaikuttamaan asuinalueisiinsa kohdistuvaan päätöksentekoon ainoastaan nimellisesti. Palvelujen karsimista eivät miedot paikallisvaikuttamisen välineet kykene estämään.

Uuden yritysmäisen yhteiskuntapolitiikan seurauksena valtion ja kuntien palvelut ovat etääntymässä kansalaisista. Yhteiskunta ei enää rakennu paikkaperustaisesti, vaan ylhäältä määriteltyjen väestöpohjien mukaan. Suomen pieniin paikallisyhteisöihin perustuva kansalaisten maantiede ei ole enää päätöksenteon lähtökohta. Tilalle on tullut tehokkuuta ja taloutta korostava keskittämisen maantiede.

Kilpailuvaltion suosimat suuret hallintoalueet, väestöpohja-ajattelu ja palvelujen keskittäminen edistävät ylipaikallisia järjestelyjä ja suuruuden logiikkaa. Kansalaisten maantiede ei ole kuitenkaan muuttunut; edelleen merkittävä osa suomalaisista asuu pienissä paikallisyhteisöissä. Erona entiseen on, että yhä useammissa paikallisyhteisöissä kansalaiset ovat keskenään. Palvelut ovat etääntyneet. Paikallisyhteisöt ovat orpoontumassa. On kadotettu kyky tehdä suuria yhteiskunnallisia reformeja. Tästä on murheellisena osoituksena aluehallinnon sekä sosiaali- ja terveyspalveluiden järjestämisen uudistaminen, jossa hallitus toisensa jälkeen on epäonnistunut.

Lähteitä

Katajamäki, Hannu (1988). Alueellisen työnjaon muotoutuminen Suomessa. Turun yliopiston maantieteen laitoksen julkaisuja N:o 121.

Katajamäki, Hannu (1988). Metsästä olet sinä tullut eli miten metsäperusta on muovannut Suomen alueellista työnjakoa. Terra 100:4, 449-455.

Katajamäki, Hannu (1991) Suomen maaseudun suuri kertomus. Terra 103:3, 173-183

Katajamäki, Hannu – Rauno Kaikkonen (1991). Maaseudun kolmas tie. Helsingin yliopisto. Maaseudun tutkimus- ja koulutuskeskus (nykyisin Ruralia-instituutti). Sarja A:1.

Katajamäki, Hannu (2011). Paikallisyhteisöjen Suomi. Tiedepolitiikka 3/2011, 52–54.

Vaasalaislähtöisen, Tukholmassa asuvan taiteilijan Peter Boro-
tinskin teos kuvaa osaltaan tyhjenevää maaseutua, hylättyä taloa
ja pihapiiriä. Sinne on unohtunut myös muuttokuormasta
pudonnut, ihan pienenä pisteenä tien päässä näkyvä mollamaija.
Kuva: Anita Salmi.

Asutustoiminnalla on ollut tärkeä rooli Suomessa itsenäisyyden aikana. Mökälän asutuskylä luotiin viime sotien jälkeen tämän politiikan tuloksena tiettömään korpeen. Se ei ollut ainoa lajissaan, vaan yksi monista.

Olavi Salmi
Itsenäisyyden ajan asutustoimintaa ja asutustilojen historiaa

Asutustoiminta oli keskeistä yhteiskuntapoliittista toimintaa Suomen itsenäisyyden alkuajoista 1950-luvulle. Sen tavoitteena oli muodostaa uusia itsenäisiä tiloja ja tukea jo olemassa olevien tilojen elinkelpoisuutta. Keinoina olivat asutustoimintaa säätelevät lait, valtion maksamat avustukset, lainat ja palkkiot. Lainsäädännön avulla hankittiin maata sekä uusia tiloja että entisten tilojen lisämaita varten. Asutustoiminnalla pyrittiin ohjaamaan maanomistusta tarkoituksenmukaiseksi katsottuun suuntaan.

Asutuslainsäädäntö alkoi muotoutua sisällisodan aikana, ja vuosina 1918-1922 eduskunta sääti useita lakeja, joista tärkeimmät olivat "Laki vuokramaiden lunastamisesta" ns. torpparilaki (135/1918) ja "Laki maanhankkimisesta asutustarkoituksiin" eli Lex Kallio (278/1922).

Muita säädöksiä olivat "Laki valtion metsämaiden asuttamisesta ja niillä olevain vuokra-alueiden lunastamisesta" (129/1922) ja sen täytäntöön-panoasetus (171/1922). Lakien perusteella vuokramiehet saivat lunastaa vuokra-alueensa itsenäisiksi tiloiksi. Asutustoimintaa johti vuonna 1917 perustettu asutushallitus.

Keskeisin asutustoiminnan muoto 1920- ja 1930-luvulla oli vuokratilojen lunastaminen maanviljelijöiden omiksi. Valtio myönsi tarkoitukseen pitkä-aikaisia lainoja ja tilojen elinkelpoisuutta pyrittiin parantamaan hankkimalla niille lisämaata. Myös tilattomalle väestölle hankittiin maata.

1930-luvun alkuun osunut lama, jota Suomessa kutsuttiin pula-ajaksi koetteli niin maaseudun kuin kaupunkien väestöä. Lama merkitsi työttömyyttä ja palkan alennuksia. Joidenkin tutkijoiden mukaan lama kokemuksena oli vaikutukseltaan monille työläissuvuille sisällisodan ja toisen maailmansodan kaltainen kokemus.

Ilman edellä mainittuja asutustoimia tilanne olisi ollut maaseudulla vielä nyt koettua vaikeampi.

Uusi asutuslaki (332/1936) tuli voimaan vuoden 1938 alussa, mutta talvi-sodan syttyminen vuoden 1939 lopulla muutti taas tilannetta.

29

Talvisodan seurauksena 40 000 maanviljelijäperhettä joutui jättämään tilansa. Heidän asuttamisekseen säädettiin siirtoväen pika-asutuslaki (346/1940), jonka perusteella muodostettiin yli 8 000 tilaa. Asutustoimet kuitenkin keskeytyivät, kun jatkosota alkoi kesäkuussa 1941.

Sotien jälkeen säädettiin uusi maanhankintalaki (396/1945), joka oli voimassa vuoteen 1958. Tämän lain perusteella muodostettiin yli 100 000 tilaa ja tonttia. Osaan asutustiloista saattoi kuulua jo ennestään pieni ala viljeltävää peltoa. Mutta osa tiloista, noin 16 000 tilaa, oli ns. kylmiä tiloja, jotka raivattiin lähes poikkeuksetta tiettömään korpeen.

Muodostettuja tiloja oli kuutta eri tyyppiä: viljelys-, asuntoviljelys- ja asuntotiloja sekä rintamamiestontteja. Tilojen peltoala oli yleensä alle 15 hehtaaria. Noin 40 prosenttia maasta saatiin valtion maista ja loput pakko-lunastamalla kuntien, seurakuntien, yhtiöiden ja yksityisten maaomaisuutta.

Siirtoväen lisäksi maata hankittiin sotainvalideille, sotaleskille, sotaorvoille, perheellisille rintamamiehille sekä niille maatalous-työntekijöille, jotka menettivät ansiomahdollisuutensa asutustoiminnan vuoksi.

Myllymäen perheen talo rakenteilla Mökälään. Kuva: Heli Myllymäen albumi.

30

Jälleenrakentaminen sodan
jälkeen, merkitsi monille
suomalaisille eli siirtoväelle
ja rintamamiehille
perheineen, omaa kotia.
Se oli rakennettava,
jos ei sitä ollut.

Rintamamiehet jättivät sotien jälkeen noin 75 000 maansaantihakemusta Vastaavia hakemuksia jättivät evakot lähes puolta vähemmän. Asuttamiseen liittyvät toimet koskivat sodan jälkeen Suomessa noin 700 000:aa ihmistä.

Poliittista merkitystä asutustilallisuudella oli muun muassa Suomen Pientalonpoikien Puolueen ja Suomen Maaseudun Puolueen synnyssä ja kehityksessä.

Mökälän astusalue syntyy

Edellämainitun maanhankintalain (396/1945) perusteella syntyi Perhoonkin uusia asututusalueita, niiden joukossa Mökälän asutusalue. Sinne hakeutui asumaan rintamamiehiä perheineen Kaustiselta, Vetelistä, Ullavasta, Halsualta ja muutama perhe myös Perhosta ja yksi Kinnulasta.

Perheiden koko vaihteli. Joissakin perheissä oli Mökälään muuton aikaan isän ja äidin lisäksi vain kaksi lasta. Keskimäärin lasten luku oli neljä - viisi, enimmillään yhdeksän lasta. Perheiden vanhemmat olivat iältään keski-määrin 30 vuotta. Nuorimmat olivat vasta 25-vuotiaita ja vanhimmat noin 40-vuotiaita.

Kaikki miehet olivat kuitenkin kokeneet sodan kauhut ja se heijasteli miesten puheissa ja tavassa toimia. Pienikin vastoinkäyminen saattoi laukaista primitiivireaktion, jolloin muiden paikalla olevien oli syytä varoa sanojaan ja käyttäytymistään.

Mökälän vanha asutus otti tulijat hyvin vastaan. Uudet asukkaathan merkitsivät sitä, että kulmakunnalle tulisi vihdoin tie, koulu ja kauppa. Myös työmahdollisuuksia tarjoutui vanhojen talojen asukkaille. Uudisasukkaat tarvitsivat ojankaivajia, pellon raivaajia ja metsätyömiehiä.

Alkuaikoina uudisasukkaat niin ikään ostivat vanhoista taloista tarvitsemansa maidon ja voin siihen saakka, että saivat hankittua omaa karjaa.

Vaikka yhteiselämä kylän vanhojen ja uusien asukkaiden välillä sujuikin hyvin, niin riitasointuja uudisasukkaiden korviin kantautui muilta kyliltä. Joidenkin mielestä asutustilalliset saivat valtiolta lähes ilmaista maata ja ilmaista rahaa. Sitäkin puhuttiin, että perheet tehtailevat lapsia saadakseen vapaavuosia ja verohelpotuksia. Aikuiset tietysti jättivät tällaiset puheet omaan arvoonsa, mutta jotkut ajattelemattomat saattoivat tokaista suuresta lapsiluvusta perheen lapsillekin, mikä ei tuntunut mukavalta.

Alueen yhtenä rikkautena voidaan pitää, että sinne muutti asukkaita eri pitäjistä, jotka toivat omia tapojaan ja oman murteensa kylälle. Siellä kuuli niin Kaustisen, Vetelin, Lestijärven, Ullavan, Perhon kuin Kinnulan murretta. Näitten murteiden omituisuuksia sitten omassa joukossa ihmeteltiin ja joillekin sanoille vähän naureskeltiinkin, mutta nopeasti niihin totuttiin.

Anita Salmi

Asutustoiminta Keski-Pohjanmaalla vahvaa

Asutustoiminnan kautta on maakuntaan raivattu tuhansia hehtaareja peltoja. Pientilat ovat myös saaneet useita tuhansia hehtaareja lisämetsiä. Niin ikään on perustettu muutamia yhteis-metsiä.

Osa asutustoiminnan kautta perustetuista tiloista muodostettiin vanhoille pakkolunastetuille pelloille entisen asutuksen yhteyteen. Osa taas perustettiin kylmiksi tiloiksi asumattomiin korpiin ja soille.

Suurimpia soille ja metsiin perustettuja uudiskyliä olivat Toholammin Härkäneva, Halsuan Kurkisuo, Perhon Mökälä, Alajoki ja Metsä-Poranen, Vetelin Viisteenneva, Lohtajan Uusikylä ja Kannuksen Ohenneva.

Erkki Kujala, Maa elää, Pro Agria, Kokkola, juhlateos, s. 139.

Asutustilojen historia on sopeutumiskertomuksia

"Asutustoiminnassa on yhtä monta tarinaa, kuin oli asutettavia. Jokainen on ainutkertainen, vavahduttava ja tosi. Useimmista niistä ei ole kirjoitettu valkealle paperille – ei edes ruskealle puotipaperille. Ei kerrota kasetilla. Joitain ei edes tahdota hiljaisessa mielessä muistella.

Suomen kansan sielussa ne silti ovat talletettuina, heimojemme geeneissä muun arvokkaan mukana kulkevat kauas tulevaisuuteen. Näin on hyvä." (Nimim. Tuukka Toivola, Maaseudun Sivistysliiton kirjoitus-kilpailu v. 1982, "Muistellaan asutustoimintaa").

Tämä sitaatti on Asta Kietäväisen väitöskirjasta, vuodelta 2009. Sen nimi on "Metsään raivatut elämänpolut. Toimijuus ja identiteetti asutustilallisten elämänkertomuksissa".

Kietäväinen on tutkinut asutustilallisten elämää ja sopeutumista näkö-kulmanaan metsä ja sen merkitys tälle raivaajasukupolvelle. Hänellä on ollut aineistonaan omia haastatteluja ja Maaseudun Sivistysliiton kirjoituskilpailun materiaalia.

Tutkimuksessa löytyy yhtymäkohtia Perhon Mökälään perustettujen asutustilallisten elämään, vaikka heitä ei ole haastateltu. Heidän maatilansa olivat ns. kylmiä tiloja, joita Suomeen perustettiin 16 000, pääosin Itä- ja Pohjois-Suomeen, mutta osa myös nykyiseen Keski-Pohjanmaan maakuntaan. Yhteensä asutustiloja koko maassa oli 101 000.

Karjalaiselle siirtoväelle varattiin tiloja, joilla ainakin osin oli viljely-kelpoista peltoa. Näin haluttiin korvata meneteystä, jonka he olivat kokeneet joutuessaan luopumaan Neuvostoliitolle luovutetuille alueelle jääneistä maatiloistaan. Rintamamiehille puolestaan oli tarjolla tiloja, joilla pellot oli raivattava ja aloitettava kaikki toiminta tyhjästä. Lisäksi tiloihin kuului metsämaata. Näin oli myös Perhon Mökälässä.

Maanhankintalakia ja sen toteutusta laadittaessa oli ajateltu, että noin 6 - 15 hehtaarin maatalousmaa tai sellaiseksi laskettava alue sekä tilaan kuuluva metsä sekä siitä saatava vuosittainen tulo elättäisivät keski-kokoisen perheen.

Ilmaiseksi maatiloja ei annettu, vaikka monilla ulkopuolisilla oli esimerkiksi Perhossakin sellainen käsitys, että rintamamiehet ne "saivat". Niistä piti maksaa. Maatilan maksamiseen ja rakennusten rakentamiseen saatiin kuitenkin tietyillä ehdoilla halpakorkoista lainaa, jos ei ollut itsellä mahdollisuus rahoittaa tilan hankkimista ja rakentamista. Eipä sitä taitanut useimmilla olla.

Perhon Mökälä oli soista aluetta ja maatalous ei siellä satoa juuri tuottanut. Halla vei useimmilta monina vuosina koko sadon. Lisätuloiksi ajatellut metsätulot olivat niin ikään tiukalla.

Asutustoimikunnan oli luovutettava rajoituksetta asukkaan käyttöön puolet metsän säännöllistä vuosikasvua vastaavasta osasta myyntituloja. Toinen puoli piti tallentaa pankkiin. Näitä varoja sai asutustoimikunnan harkinnan mukaan käyttää talon perusparannukseen, velkojen maksamiseen tai maatalouskoneiden ostoon. (Kietäväinen, s. 24).

Kyse oli kuitenkin myös siitä, millaista metsää asutustilaan kuului ja missä määrin siitä sai vuosikasvua ja myytävää. Mökälän uudistiloilla sitä ei juuri ollut. Kylä sijaitsi uittoreittien lähellä, joiden tuntumasta metsiä oli aiemmin jo kaadettu ja tavaraa uitettu puunjalostuksen tarpeisiin. Samoin jo tervatalous oli vienyt osansa. Jopa mastopuita ja muita suuria rakennuspuita sieltä oli viety rannikon porvarien laivanrakennukseen. Paljolti jäljellä oli enää nuorehkoa metsää.

Omasta metsästä ja omalla työvoimalla hankitulla puulla oli silti merkitystä pientiloilla sen jälkeen, kun tilan rakennukset oli rakennettu ja pellot raivattu. Usein Mökälässä jouduttiin kuitenkin hankkimaan lisäansioita kodin ulkopuolelta, esimerkiksi ulkopuolisissa metsätöissä. Näin varsinkin, jos perheessä oli poikia tai nuorukaisia, jotka siihen kykenivät.

Lainataakka tiloilla kasvoi kuitenkin monesti suureksi eikä ollut varaa investoida juurikaan esimerkiksi tehokkaampaan tuotantoon. Toisaalta suoperäiselle maalle raivatuilla pelloilla ahkeraan vieraileva halla turmeli usein viljan, mikä ei ollut ainakaan lisäkannustimena pientiloilla, vaikka niillä parhaansa mukaan yritettiin toimia.

Toisaalta yhteiskunnan kehitys muuttui myös. Suomi teollistui ja automaatio valtasi väistämättä alaa maaseudullakin, maa- ja metsätalouden työt koneellistuivat. Tämä kehitys vain nopeutui sodan jälkeen 1950-luvulta alkaen.

Kietäväinen toteaa asutustoiminnan toteuttamisen jälkeen elinkeino-elämän Suomen maaseudulla perustuneen metsätyö- ja maatalouskyliin sekä puunjalostuskeskuksiin. Maaseudulla oli merkittävä rooli suomalaisen hyvinvointivaltion rakentamisessa, sillä maaseudun voimavarojen käyttöönotto oli yhteiskunnan perusta. Maaseutua tarvittiin työvoiman tarjoajana ja puuraaka-aineen tuottajana. (ss. 25 - 26).

Perhon Mökälä tarjosi myös mahdollisuudet asutustilallisille, vaikka lähtökohdat olivat melko vaikeat. Useimmilla sinne tulleilla oli kuitenkin tulevaisuuden uskoa ja halu pärjätä omillaan, itsellisinä. Ei se kuitenkaan kovin helppoa ollut.

Maaseudun muutos oli alkanut 1900-luvun alkukymmeninä ja asutustilojen perustaminen sotien jälkeen sen pysäytti ja viivytti sitä jonkin aikaa. Maataloudesta oli muuttanut väkeä jo ennen sotaa töihin tehtaisiin. Koneellistuminen jatkui 1950-1960 -luvulla ja maataloustuotanto tehostui, samoin metsätyö. Pienet tilat tippuivat pois kuvioista ja työtä oli haettava muualta.

Maaseudun muuttuminen vaikutti eniten Keski-, Itä- ja Pohjois-Suomen tiloilla. Ne olivat pieniä ja osoittautuivat pian kannattamattomiksi. Toiminnan lopettaneissa oli muitakin maanhankintalain pohjalta perustettuja tiloja. Osasta niitä tuli vain ns. yhden sukupolven tiloja eikä esimerkiksi Perhon Mökälässä monien kohdalla edes sitä.

Yleisellä tasolla asutustilojen perustaminen vinoutti kehitystä suomalaisella maaseudulla, mutta osin muutokseen vaikuttivat niin ikään teollistuminen, koneellistuminen ja monet muut taustatekijät.

Maanhankintalaki oli sitä luotaessa osin kiistan alainen, eikä sen kaikkia vaikutuksia tunnistettu. Toisaalta hakijamäärät olivat odotettua suurempia ja heijastivat toiveita sodan jälkeen. Oli halu saada oma koti ja parempi tulevaisuus. Maanhankintalakia on kuitenkin pidetty jälleenrakentamisen kivijalkana Suomessa, sillä se vaikutti n. 700 000 suomalaisen elämään. (Palomäki, 249).

Yksilöiden ja perheiden kokemukset siitä, miten se heidän elämäänsä vaikutti, vaihtelevat suuresti. Niin myös Mökälän kylässä, joka syntyi asutustilojen ympärille.

Lähteet: Asta Kietäväinen: Metsään raivatut elämänpolut. Toimijuus ja identiteetti asutustilallisten elämänkertomuksissa (v. 2009). Antti Palomäki: Juoksuhaudoista jälleenrakennukseen (2011).

Olavi Salmi
Mökälän historiaa ja asutuskylän muotoutuminen

Mökälä on kylä Perhon kunnan koilliskulmassa. Perho on karu, suovaltainen kunta Suomenselän alueella. Maisemaa hallitsevat laajat suot ja niiden väliset metsämaat. Pitäjän maa-alasta 60 % on suota. Suot ovat pääosin nevoja. Alue on hallanarkaa, ja maanviljely (viljanviljely) heikosti kannattavaa. Niinpä perholaiset ovat polttaneet tervaa ja hakanneet metsiä saadakseen jokapäiväisen toimeentulonsa.

Perhon maanviljelyn kovuutta kuvaa Samuli Paulaharjun kirjan kertomus perholaisesta miehestä, joka päästyään kerran katsomaan Etelä-Suomen reheviä viljavainioita huokaisi: "Voi, Herra Jumala, mistä minä olen kotoisin!" (Samuli Paulaharju "Suomenselän vieriltä" s. 154.).

Mökälän asutusalue perustettiin pääosin metsähallituksen maille, Perhon pitäjän syrjäisimpään kolkkaan. Matkaa kirkonkylään oli noin 30 km. Lähimpään kyläänkin oli tietöntä taivalta noin kymmenen kilometriä. Tämä alue, samoin kuin vieressä oleva Salamajärven kylä, kuului pitkälti 1800-luvun puolelle Kivijärveen.

Niinpä kun Antti Taivassalo (myöhemmin Haasiosalmi) muutti vaimoineen uudisasukkaaksi tänne tiettömään korpeen ja perheeseen syntyi tytär 30.11.1851, hänet kastettiin Kivijärven seurakunnan jäseneksi. Lieköhän tämä Mathilda Antintytär ensimmäinen Mökälän kylässä syntynyt lapsi? Seuraava lapsi, joka syntyi 24.5.1853, löytyy kuitenkin Perhon kastetuista. Tästä Juho Antinpoika Haasiosalmesta (myöhemmin Salmi) tuli aikuistuttuaan isänsä työn jatkaja Haasiosalmen metsänvartijatilalla.

Metsänvartijatilat ja niiden synty

Metsähallitus perustettiin vuonna 1859 ja sen tärkeimpänä tavoitteena oli ehkäistä valtion omistamien metsien ryöstökäyttö. Tätä vanhoista erämaiden nautintaoikeuksista alkunsa saanutta kruununmaiden huoletonta käyttöä estämään perustettiin 1860-luvulta alkaen metsänvartijan virkoja.

Metsänvartijan päätehtäviä olivat oman vartiopiirin valvominen, luvattoman asutuksen sekä metsänhaaskauksen ehkäiseminen. Lisäksi hänen tehtäviinsä kuului hakkuiden ja metsänhoitotöiden valvominen. Velvollisuuksiin sisältyi myös pienten metsäpalojen sammuttaminen ja alueella liikkuneiden metsänhoitajien majoittaminen.

Tähän liittyen voitaneen kertoa tapaus, joka sattui Ela Hyväriselle (myöhemmin Blomgren), kun hän nuorena metsänhoitajana oli aluemetsänhoitaja Arajärven kanssa työmaatarkastuksella. Matkalla oli yövyttävä metsänvartijatilalla.

Torpan tupa oli täynnä majoitettuja metsätyömiehiä, niinpä molemmat metsänhoitajat majoitettiin samaan kamariin. Ela, nuori nainen, oli tietysti vaivautunut, mutta joutui sopeutumaan tilanteeseen. Pimeässä sitten riisuuduttin ja laittauduttiin yövaatteisiin.

Aluemetsänhoitaja selitti, kuinka hyvin hän tarkenee, kun käyttää säämiskähousuja ja villahousuja ja kyseli, tarkeneeko huonekaveri vai tuoko hän lisäpeittoa. Ela vakuutti tarkenevansa, vaikka hytisi kylmästä. Näin siitä tilanteesta selvittiin. (Metsästä ja metsän reunasta s.122).

Haasiosalmen
metsänvartijatila
mahdollisesti
1930-luvulla.
Kuva: Anita Salmen albumi.

38

Alkuvuosina metsänvartijalle maksettiin vain pientä rahapalkkaa ja rakennusten kunnostamiseen myönnettiin avustuksia, mutta pääasiallinen elanto tuli oman tilan maataloudesta.

Vuodesta 1909 alkaen metsänvartijan työ muuttui päätoimiseksi ja tämän seurauksena metsänvartijatiloista tuli virka-asuntoja ja kaikki metsänvartijatilat pyrittiin hankkimaan valtion omistukseen.

Salamajärven kruununpuiston (Mökälän) alueen metsänvartijatilat

Perhon hoitoalue, johon myös Salamajärven kruununpuisto kuului, oli vuonna 1919 neljätoista vartiopiiriä.
Näistä viisi vartiopiiriä sijaitsi tulevalla Mökälän asutusalueella.
1. Haasiosalmi, vartijana Vihtori Salmi (vuoteen 1908 Haasiosalmi)
2. Pitkälahti, vartijana Juho Tiala
3. Polvilampi, vartijana Matti Harju
4. Sääksjärvi, vartijana Juho Liupakka
5. Valvatti, vartijana Aleksanteri Karvonen

Vartiopiirien pinta-alat olivat noin 2000 ha.
Haasiosalmen metsänvartijan virka periytyi isältä pojalle viran perustamisesta sen päättymiseen saakka (1863-1937). Mainitaan tässä nimetkin; Antti Haasiosalmi (entinen Taivassalo), Juho Haasiosalmi, Vihtori Haasiosalmi, vuodesta 1908 alkaen Salmi. Kun Vihtori Salmi kuoli vuonna 1936, hänen poikansa Uuno Salmi hoiti virkaa yhden vuoden. Muilla tiloilla virka ei aina periytynyt isältä pojalle.

Haasiosalmen, Pitkälahden, Polvilammen ja Sääksjärven metsänvartijavirat lakkautettiin 1936 - 1938. Valvatin metsänvartijan virka lakkautettiin vasta vuonna 1966.

Näiden metsänvartijatilojen lisäksi alueella oli Pajukko-niminen talo, joka alkuaan lienee ollut kruununtorppa.

Tätä viiden metsänvartija-alueen ja yhden kruununtorpan kulmakuntaa sanottiin aikaisemmin Sydänmaan kyläksi. Mökälä nimi otettiin käyttöön, kun alueelle perustettiin asutustiloja.

Nimensä kylä sai ilmeisesti alueella olevasta Mökälänpellosta, jonka pitäjähistoriaa tuntevien kertoman mukaan raivasi alueelle uudisasukkaaksi tullut Antti Taivassalo, myöhemmin Haasiosalmi, vuosina 1845-1860.

Hänen kerrottiin Salamajärven kaupassa vastanneen kylän miesten kyselyihin talon valmistumisesta: "Kyllä sieltä pian mökä nousee." Tällä hän kertoi kyselijöille, että talo alkaa olla valmis, ja kohta savu (mökä) nousee savupiipusta. Tilaa alettiin kutsua Mökäläksi ja talon viereen raivattua peltotilkkua Mökälänpelloksi. Mökin rauniot ovat vieläkin näkyvissä ja pusikoitunut peltosarka on merkitty peruskarttoihin (Erkki Salmen julkaisemattomat muistelmat).

Tänne tiettömään korpeen, pääosin metsähallituksen maille, silloinen Perhon aluemetsänhoitaja, "henkeen ja vereen valtion palvelija", Lahja Hyvärinen lohkotutti 20 asutustilaa.

Työnantajansa etua tavoitellessaan hän tuli perustaneeksi osin elinkelvottomia tiloja. Näin toteaa hänen tyttärensä Ela Blomgren (o.s. Hyvä-rinen) kirjassa "Metsästä ja metsän reunasta" s. 163.

Elinkelvottomuus tuli Mökälässä nopeasti näkyviin. Jo vuonna 1960 ensimmäinen perhe, Varila, jätti kylän ja muutti Amerikkaan.

Asutustilojen perustaminen

Suomi oli käynyt kaksi sotaa vuosien 1939-1944 aikana Neuvostoliittoa vastaan ja hävittyään ne joutunut luovuttamaan maa-alueita Neuvostoliitolle. Luovutetulta alueelta oli tullut Suomeen 420 000 henkeä, osa maatalouden harjoittajia. Pika-asutuslain (v.1940) ja maanhankintalain nojalla (v.1945) heille muodostettiin pakkolunastetuista maista tiloja korvaukseksi luovutetulle alueelle jääneistä tiloista.

Saman maanhankintalain nojalla alettiin vuoden 1945 jälkeen muodostaa tiloja perheellisille rintamamiehille.

Maanhankintalain tarkoitus oli
1. hankkia maata ja muodostaa siitä asutustiloja
2. asuttaa niille maansaantiin oikeutetut
3. saattaa tila asuttavaan kuntoon
4. myydä tila asukkaalle
Asutustarkoitukseen luovutetusta maasta valtio omisti lähes puolet. Loppu pakkolunastettiin kunnilta seurakunnilta, yhtiöiltä ja yksityisiltä

maanomistajilta. Uusia tiloja ja tontteja syntyi yli satatuhatta. Näistä noin kuusitoistatuhatta oli niin sanottuja kylmiä tiloja.

Maanhankintalain tavoite elinkelpoisista tiloista ei toteutunut toivotussa määrin, mutta toinen tavoite toteutui: työllistää tilaton väki maaseudulla ja estää väen siirtyminen kaupunkeihin, joissa ei olisi ollut työtä eikä asuntojakaan.

Maata haluavan piti jättää maansaantihakemus kotikuntansa asutuslautakunnalle. Paikalliset asukkaaksiottolautakunnat tutkivat hakemuksen ja määräsivät, millainen tila hakijalle osoitetaan.

Asutustilan saanut perhe teki tilasta hallintasopimuksen, johon tehtiin kuvaus tilan sen hetkisestä kunnosta. Hallintasopimus oli voimassa viisi vuotta. Sen toteutumista valvoi asutustoimikunta. Laiminlyönnit saattoivat johtaa hallintasopimuksen purkuun.

Kylmien tilojen pellonraivauksesta maksettiin perustamispalkkiota. Pellonraivausta koordinoivat asutustoimikunnat. Sama organisaatio rakennutti tiloille tiet ja huolehti maan kuivattamisesta viljelytarkoitukseen. Käytännössä työn tekivät maanviljelysinsinööripiirit.

Tilojen rakennuskannasta ja rakentamisesta oli myös omat säädökset. Rakentamista valvoi maatalousseurojen asutusvaliokunta ja sen toteutuksesta vastasivat pääosin asutustoimikunnat. Rakennustoimintaa varten julkaistiin tyyppipiirustusarja, joiden mukaan rakennukset tehtiin. Itse rakentaminen jäi asukkaan vastuulle.

Kun tila oli asutustoimikunnan mukaan myyntikelpoinen, asutustoimikunta teki tilasta myyntiesityksen, ja lausuntokierroksen jälkeen se teki esityksen myyntihinnasta. Jos asukas päätti ostaa tilan, tehtiin kauppakirja, jonka allekirjoitti ASO:n osastopäällikkö, ylijohtaja Veikko Vennamo.

ASO myös valvoi kauppahinnan maksamista. Valtio antoi lainaa kauppa-hinnan maksua varten. Maksuaika oli pitkä, jopa kolmekymmentä vuotta. Maksuhuojennuksia myönnettiin lapsiluvun perusteella. Joissain tapauksissa lyhennyksiin saattoi saada myös lykkäystä.

(ASO on maatalousministeriön asutusasiain osasto) Tämän kappaleen tiedot: Wikipedia

41

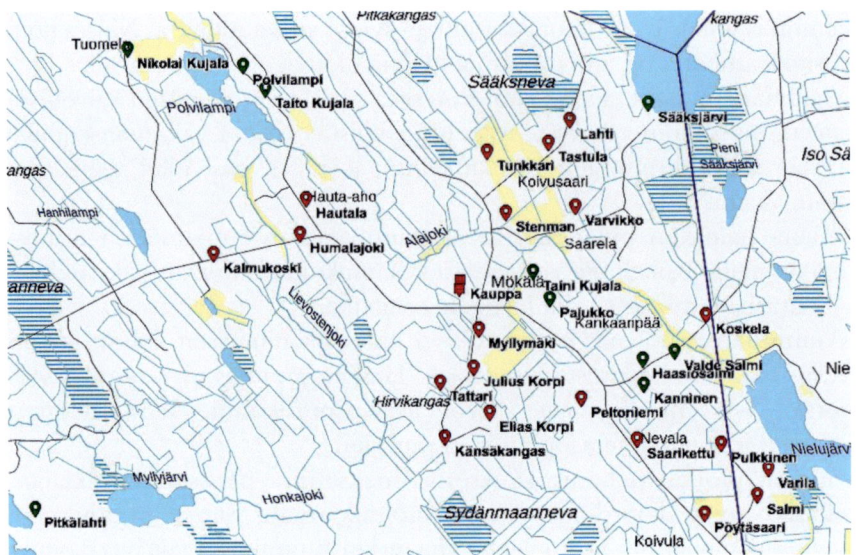

Mökälän ns. vanhat tilat ja niistä jaetut pientilat vihreällä ja asutus-
tilat punaisella merkittyinä. Grafiikka: Olavi Salmi.

Mökälän asutuksen muotoutuminen ja kylän rakenne

Mökälä on valtaosin suomaastoa; suurivarpuista rämettä, lyhytkortista
nevaa ja korpilänttejä. Kivisiä kankaita ympäröivät nevat, joista oli
tarkoitus tehdä ja tehtiinkin viljelysmaata.

Lienevätkö perholaiset tienneet alueen karuuden, eivätkä siksi
halunneet hankkia tiloja Mökälästä, vai mistä johtui, että kylään tuli
asukkaita pääasiassa naapurikunnista, Kaustiselta, Vetelistä ja Ullavasta,
vain muutama perhe Perhosta ja yksi perhe Kinnulasta.

Asutustilojen koko oli keskimäärin 200 hehtaaria, josta pelloksi piti
raivata kymmenkunta hehtaaria. Tilat olivat pääosin suota ja
tervanpolton ja hakkuiden takia huonossa kunnossa olevia nuoria metsiä.
Tilat olivat kaikki kylmiä tiloja eli olivat täysin luonnontilassa. Kaikki oli
aloitettava alusta. Asuinrakennukset, talousrakennukset ja saunat piti
rakentaa. Piti raivata pellot koskemattomaan korpeen. Tietäkään ei
kylään ollut.

Metsien kuntoa kuvaa paikallisen metsänhoitoyhdistyksen metsäteknikon, Tauno Taivasssalon, lausuma isällemme: "Sinä tulet kuolemaan köyhänä". No, ennustus toteutui.

Talot sijoitettiin soiden ympäröimille kankaille siten, että asutus tuli melko hajalleen. Hirvikankaassa oli neljä taloa, Sääksnevan saarissa viisi taloa, Salkosaaressa kolme taloa, Kauniissakankaassa yksi talo. Loput seitsemän taloa sijoittuivat suunnitteilla olleen ja myöhemmin rakennetun Kinnula-Perho maantien varrelle noin kahdeksan kilometrin matkalle.

Ensimmäiset asukkaat tulivat kylälle vuoden 1949 aikana, jotkut vuosina 1950 ja 1951. Pari viimeisenä muuttanutta perhettä tuli vasta vuonna 1953, jolloin kylälle oli jo ajokelpoinen tie.

Jostain syystä tilat oli muodostettu niin, että ainakin viiden tilan, Pöytäsaaren, Saariketun, Pulkkisen, Varilan ja Salmen tiloille tuli pieni osa maata myös Kinnulan puolelta.

Varilan ja Salmen talot ja muut rakennukset rakennettiin Kinnulan puolelle, josta myöhemmin seurasi, että näiden talojen nuoremmat lapset joutuivat tai pääsivät Kinnulan puolelle vuonna 1958 rakennettuun Matkus-joen kouluun. Tämä vaikutti osaltaan myös siihen, että näiden kahden talon nuorimmat lapset vieraantuivat Perhon puolella asuvista lapsista, eivätkä oikein tienneet, ovatko Mökälästä vai Matkusjoelta.

Mökälän asutustilalliset ja heidän
kotikuntansa sukunimen mukaisessa aakkosjärjestyksessä:

Hautala Vilpas ja Rauha, Kaustinen
Humalajoki Tauno ja Laina, Perho
Kalmukoski Jussi ja Aili, Halsua
Korpi Elias ja Elli, Perho
Korpi Julius ja Aune, Perho
Koskela Onni ja Liisa, Perho
Känsäkangas Erkki ja Lahja, Kaustinen
Lahti Heimo ja Helmi, Ullava
Myllymäki Väinö ja Vieno, Kaustinen
Peltoniemi Armas ja Edit, Kaustinen

Pulkkinen Lennart ja Mari, Veteli
Pöytäsaari Leevi ja Vieno, Veteli
Saarikettu Heimo ja Rauha, Kaustinen
Salmi Reino ja Eva, Kinnula
Stenman Eino ja Martta, Kaustinen
Tastula Jorma ja Hilda, Kaustinen
Tattari Heikki* ja Vieno, *Suistamo/Perho
Tunkkari Väinö ja Rauha, Veteli
Varila Erkki ja Laina, Kaustinen
Varvikko Martti ja Aino, Halsua

Talot ja muut rakennukset

Lähes kaikkien tilojen ensimmäinen asuinrakennus oli ns. asuntosauna. Se tehtiin ensiksi ja oli noin 5x6 metrin (30 m2) kokoinen rakennus, jossa asuttiin niin kauan, että talo saatiin valmiiksi.

Tällaisessa mökissä saattoi alkuaikoina asua jopa yhdeksänhenkinen perhe ja lisäksi muutama kortteerimies. Monessa talossa tämä rakennus palveli myöhemmin tilapäistyövoiman asuntona. Niihin majoitettiin kesäisin ojankaivajia ja pellon kuokkijoita sekä talvisaikaan metsätyömiehiä.

Talot tehtiin "rintamamiestalojen" tyyppipiirustusten mukaan. Rakennusmateriaalina oli hirsi ja /tai lauta. Alakerrassa oli joko kolme tai neljä huonetta ja yläkertaan tehtiin kaksi huonetta.

Yhden talon (Varila) seinät tehtiin 30 cm pitkistä honkapölkyistä* tiiliseinän tapaan muuraamalla. Sisäseiniin pantiin joku rakennuslevy (insuliitti) ja ulkopuolelta seinät rapattiin. Talo on sittemmin poltettu Perhon palokunnan sammutusharjoitusten yhteydessä. (*Honka on pystyyn kuivanut mänty, josta kuori on irronnut ja oksat karsiutuneet lähes kokonaan.)

Alkuaikoina näissä asutustilojen taloissa ei ollut mitään mukavuuksia. Puilla lämmitettiin leivinuunit, hellat ja kakluunit. Vedet kannettiin sisälle ja ulos. Huoneita valaistiin öljylampuilla ja ns. kaasulampuilla, Petromax, Hasag, Tilley, jotka myös toimivat öljyllä, mutta antoivat kirkkaampaa valoa kuin tavalliset öljylamput. Taidettiinpa ihan alkuaikoina joskus turvautua jopa päreeseen, kun öljy oli tilapäisesti loppunut. Navetassa ja tallissa toimittiin öljylyhtyjen kanssa.

Sähköt tulivat kylälle vasta vuonna 1956, kun kylällä oli asuttu lähes kymmenen vuotta. Puhelimet tulivat samoihin aikoihin, mutta niitä oli alkuun vain muutamassa talossa.

Asuinrakennuksen lisäksi pihapiirin kuului ulkorakennus, jossa oli navetta, talli, lato, aitta ja puuliiteri. Navetan ja tallin seinät olivat hirrestä, muu osa rakennuksesta oli laudasta. Aitassa säilytettiin viljaa ja muita ruokatavaroita. Kesäisin siellä myös nukuttiin.

Sauna tehtiin niin ikään jokaiseen taloon. Joissain taloissa asuntosauna muutettiin saunaksi. Niissä taloissa, joissa asuntosauna jäi

Eva ja Reino Salmi 1950-luvun alussa talonsa edessä. Sen ulkopuolen viimeistely puuttuu. Perheet muuttivat uuteen kotiin yleensä niin pian, kuin se oli mahdollista. Kuva: Anita Salmen album

asuinkäyttöön, pihaan rakennettiin luonnollisesti uusi sauna. Kylän ensimmäiset saunat olivat savusaunoja, mutta uudet saunat tehtiin uloslämpiäviksi.

Kun peltoja saatiin raivatuiksi, pelloille rakennettiin heinälatoja. Latojen seinät tehtiin laudasta.

Kaikkien rakennusten katot olivat aluksi pärekattoja. Kattotalkoita pidettiin niin taloja kuin muitakin rakennuksia katettaessa. Yleensä lähes joka talosta ehti mies tai poika kattotalkoisiin.

Pellot raivattiin suosta

Koska alueen kankaat olivat hyvin kivisiä, pellot raivattiin lähes yksinomaan suosta. Vain muutamalle tilalle pystyttiin tekemään kovan maan peltoa pienen perunamaan verran.

Ihan alkuaikoina kaikki pellot tehtiin miesvoimin. Se alkoi ojankaivuulla. Sarkaleveys oli useimmissa tapauksissa 12 metriä. Sarkaojat olivat metrin levyisiä, ja syvyyttä saattoi olla saman verran.

Ojien kaivamista vaikeuttivat suohon uponneet puut, jotka saattoivat olla ihan tukkipuun kokoisia. Myös puiden kannot, maan pinnalla tai maan sisässä olevat, hankaloittivat työtä. Jossakin tapauksessa muta oli sellaista, että se tarttui lapioon ja teki kaivamisen vaikeaksi.

Kylväjä lähti kylvämään. Mökälässä viljasadon vei usein halla. Kuva: Pro Agrian, Kokkolan, arkisto.

Kun sarka oli ojitettu, siitä kaadettiin puut ja risut, jotka kasattiin poltettavaksi. Järeämmät puut otettiin hyötykäyttöön. Kun sarka oli raivattu, alkoi kuokkiminen. Kuokos äestettiin hevosvetoisella äkeellä ja kuivunut rahkakerros kulotettiin. Palanut rahka lannoitti maata, joka kasvoikin aika hyvin, mutta kesäiset hallat veivät joskus koko sadon tai ainakin osan.

Kulotuksessa oli tietysti omat riskinsä, mutta suurten soiden keskellä sitä pidettiin jokseenkin vaarattomana. Pari kertaa tuli kuitenkin karkasi ja teki tuhojaan, ennen kuin se saatiin hallintaan.

Pellonraivaukseen osallistuivat kaikki, jotka vähänkin kynnelle kykenivät. Jos ei jaksanut vielä käyttää lapiota, kuokkaa tai vesuria, aina voi kantaa risuja kasaan. Into oli kaikilla kova. Maahenkeä kasvattivat Pellervo-seuran kustantamat kirjat, joita luettiin ahkerasti, jos vapaa-aikaa oli.

Heinätyöt olivat paljolti hartiapankkityötä. Kuva: Pro Agria, Kokkola. Maa elää -juhlajulkaisu, s. 207.

Muistan, kuinka kerran innostuimme Tapio-veljeni kanssa kaivamaan ojaa niin kovasti, että emme malttaneet lopettaa, vaikka radiosta tuli Ruotsi-Suomi yleisurheilumaaottelu. Kun oli kova halu kuulla lähetys, asia hoitui niin, että Helkama-radio käännettiin tuvassa täysille, avattiin ovi ja ikkunat siltä puolen taloa, jossa työmaa oli. Korpi kaikui Noposen ja Tiilikaisen paasatessa, kun Salsola, Salonen ja Vuorisalo juoksivat Suomen värien puolesta. Me puolestamme kaivoimme ojaa lähes samalla intensiteetillä kuin mainiot mailerimme juoksivat.

Kun kylälle saatiin tie, pellon tekoon tuli uusia välineitä. Ojat kaivettiin edelleen lapiolla, mutta kuokkiminen loppui. Muutamat kyläläiset ostivat jopa oman telaketjuilla varustetun "pillarin", jonka avulla suota kynnettiin.

Hevonen oli vielä 1950-luvun taitteessa ja siitä eteenpäinkin apuna maa-töissä. Kuva: Leena Viinikaisen albumi.

Myös muutaman naapurikyläläisen omistama Allis-Chalmers ja Pellon-raivaus Oy:n Caterpillar tulivat avuksi peltojen tekoon. Nämä molemmat olivat telaketjuilla varustettuja traktoreita, jotka pysyivät pinnalla suomaastossa. Näitten koneiden käyttöä rajoitti kuitenkin hinta, sillä rahasta oli kaikissa taloissa puute.

Metsästä leipää ja särvintä

Ennen kuin pellot saatiin tuottamaan, ainoat tulot olivat pellon-raivauksesta maksetut palkkiot ja metsän myynnistä saadut tulot. Metsän myynti oli kuitenkin tarkasti säädeltyä. Lupa siihen täytyi saada asutusviranomaisilta.

Kun puulla kuitenkin oli kysyntää ja rahan tarve kova, joskus myytiin "pimeää puuta". Se tapahtui viranomaisilta salaa, mutta useimmiten naapureiden tieten. Ostaja maksoi puut myyjälle suoraan ja vei puunsa mahdollisimman nopeasti pois.

Kerran ainakin kävi niin, että tällainen puuerä oli tien varressa, kun metsälautakunnan miehet tulivat käymään. Tietysti he kyselemään isännältä;" mitä puita nämä ovat". Isäntä, kirjoittajan isä, sanoi paukautti: "Nämä on sitä kuulusaa pimiää puuta." Asia jäi siihen. Viranomaisetkin olivat joskus inhimillisiä ja ymmärsivät vaikeuksien keskellä elävää asutustilallista. Aina ei kuitenkaan näin ollut tämän samaisen isännänkään kohdalla.

Mökälän metsämaat ovat valtaosin kuivia tai kuivahkoja kankaita, rämeitä ja korpia. Osa on ihan puutonta suota, jota ojittamalla yritettiin saada tuottavaksi metsäksi 1950-luvulla. Vallitsevana puulajina on mänty, jota oli 1950-luvun alussa noin 60 %, kuusta on noin 20 %, lehtipuuta noin 15 % metsämaan pinta-alasta. Täysin aukeaa suota oli noin 5 %. Puumäärinä mäntyä oli noin 50%, kuusta 27 % ja lehtipuuta 23% kokonaiskuutiomäärästä. (Valtakunnan metsien inventointi 1951-1953)

Seuraavassa taulukosta nähdään, että puusto oli suurelta osin pieni-kokoista. Taulukon %-luku ilmoittaa kunkin läpimittaluokan osuuden alueen puuston kuorellisesta kokonaiskuutiomäärästä. (Läpimitta mitataan 1,3 metrin korkeudelta.)

MÄNTY				KUUSI				KOIVU			
<10 cm	10,1-20 cm	20,1-30 cm	30,1+ cm	<10 cm	10,1-20 cm	20,1-30 cm	30,1+ cm	<10 cm	10,1-20 cm	20,1-30 cm	30,1+ cm
19 %	41%	34%	6 %	18%	53%	27%	2%	33 %	52%	14%	1%

Luvut ovat Keski-Pohjanmaan piirimetsälautakunnan keskiarvoja. Pitäjäkohtaisia tuloksia ei valitettavasti ollut käytettävissä. (Valtakunnan metsien inventointi 1951-1953).

Tuleva Mökälän asutusalue oli kolmen Kymijoen vesistön latvavesistä lähtevän uittoreitin varrella, mikä oli mahdollistanut sen, että metsähallitus hakkautti alueen metsiä 1940 -luvun alkupuolelle saakka melko voimakkaasti.

Yksi uittoreitti lähti Koirajärvestä laskien Koirajokea pitkin Nielujärveen, johon laski myös kaksi muuta uittoreittiä. Toinen uittoreitti lähti Salamajärvestä Myllyjärven kautta Polvijärveen ja siitä Polvijokea pitkin Nielujärveen. Kolmas reitti lähti Iso-Valvatinjärvestä Valvatinjokea pitkin Polvijärveen ja siitä Polvijokea pitkin Nielujärveen. Nielujärvestä uittoreitit jatkuivat Matkusjokea pitkin Jäpänjärveen ja edelleen Myllyjokea pitkin Kivijärveen. Sieltä Keiteleeseen ja edelleen Päijänteen kautta Kymijokeen, jonka varrella on suuria puunjalostuslaitoksia.

Sotavuosien aikana kävi kerran niin, että Kinnulan rippikoulupojat hälytettiin uittoon, kun aikuiset miehet olivat sodassa. Tapausta muistellut Eino Pekkarinen (Hakalan Eino) kertoi, että jossain Matkusjoen koskessa tukit olivat ruuhkautuneet niin pahasti, että pojat olivat ratkaisseet asian lähtemällä työmaaltaan karkuun. Tarina ei kerro, miten asia saatiin hoidettua.

Metsähallituksen hakkuista johtuen ihan uittoreittien tuntumassa olevien tilojen metsissä oli vain niukasti myytävää havupuuta. Puuston kasvu alueen inventointitietojen mukaan oli vuosina 1951-1953 keskimäärin

2,2 k-m3 kuoretta/ha. Kun puuston määrä tilojen metsissä oli pieni ja kasvukin vähäinen, niin myyntiluvat jäivät pieniksi. (Valtakunnan metsien inventointi 1951-1953).

Hakattavaa lehtipuuta oli runsaammin, ja halot tekivät siihen aikaan hyvin kauppansa. Ostajina olivat Vapo, Pohjanmaan Puu Oy, Osuuspuu ja paikallinen osuuskauppa KPO. Myös muut kaupat ja liikemiehet olivat kiinnostuneita haloista. Halon hinta oli kuitenkin niin huono, että se riitti juuri ja juuri työpalkkoihin. Puulle ei monestikaan jäänyt juuri mitään hintaa varsinkin, jos joutui myymään halot tuoreena.

Kerran ainakin kävi niin, että yhdellä isännällä oli iso määrä kuivia halkoja hakattuna metsässä. Ostaja näki halkopinot ja lupasi maksaa haloista selvästi enemmän kuin tuoreen halon hinta oli. Kauppakirjaan jäi kuitenkin merkitsemättä, että kauppa koski näitä kuivia halkoja, niinpä isäntä myi kuivat halot jollekin toiselle ja hakkuutti talven aikana uusia halkoja, joista hän sitten sai hyvän hinnan.

Metsätyö omassa metsässä ja osin myös savotoilla toi asutustilallisille kaivattua lisätienestiä. Kuva: Leena Viinikaisen albumi.

Kun halkokauppa oli tehty ja tilan oma väki ei ehtinyt metsätöihin, kävi joskus niin, että halkoja hakkuutettiin "puoliksi". Vieras hakkaaja sai työpalkkana joka toisen motin itselleen ja talo piti toisen. Tien varteen ajon hoiti talo. Tällainen "puoliksi" hakkaaminen oli tekomiehelle selvästi edullisempi kuin normaali tapa. Kovin yleistä puoliksi hakkaaminen ei ollut.

Havutukkia ja havupinotavaraa ostivat pääosin Pohjanmaan Puu Oy, Metsäliitto ja Osuuspuu. Myös paikalliset liikemiehet Nestori Peritalo, Rickhard Taipale ja Toivo Ronkainen ostivat tukkeja ja välittivät niitä eteenpäin. Jonkin verran kysyntää oli myös koivutukille. Sitä kävivät ostamassa Veljekset Nylynd Teerijärveltä ja Katajan vaneritehdas, joka toimi Kivijärvellä. Niin ikään suksitehtaat Vimpelistä ja Vetelistä ostivat koivutukkia.

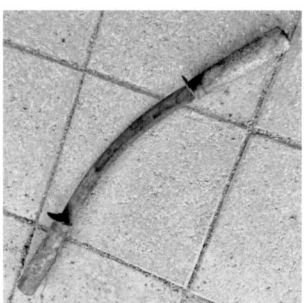

Metsätyövälineitä: yläkuvassa justeeri, joka oli yleinen mm. metsätöissä ja savotoilla. Alakuvassa pantaveitsi, jolla kuorittiin puita. Kuvat: Seppo Salmi.

Alkuaikoina, kun kaikkea työtä oli paljon ja aikuisia miehiä oli useimmissa taloissa vain yksi, niin alueen metsätyöt työllistivät monia kylän ulkopuolisia. Useimmiten työmiehet olivat tilallisten sukulaisia tai ainakin tuttuja, joita majoitettiin kodeissa, vaikka väkeä oli omastakin takaa ihan riittävästi.

Vielä pitkälle 1950-luvun loppuun metsätyövälineet olivat pokasaha, justeeri ja kirves sekä kuorimisvälineinä "pantaveitsi" ja petkele. Pokasahassa oli puupäät ja terä kiristettiin narun avulla. Pokasahan viilaaminen oli vaativa työ, ja kaikki eivät sitä koskaan oppineet kunnolla. Useimmiten joku osaavampi tarjosi kuitenkin apua, että saha saatiin kuntoon. Iso edistysaskel oli metallinen pokasahan kaari, joka tuli markkinoille 1950-luvulla. Puiset sahanpäät jäivät nopeasti pois käytöstä. Kylän ensimmäinen moottorisaha oli Reino Salmen vuonna 1956 ostama Jobu Junior. Moottorisahat yleistyivät nopeasti 1950-luvun loppupuolella ja kylän suosituin sahamerkki oli Homelite, jota Salamajärvellä oleva kauppias Toivo Ronkainen myi. Kauppa järjesti jopa kaksipäiväisen kurssin, jossa opeteltiin terän viilausta ja käyttö-häiriöiden korjaamista.

Puut ajettiin alkuvuosina tien varteen hevosilla ja siitä ne vietiin autoilla käyttökohteisiin. Kun metsät olivat monesti soiden takana, joskus kävi niin, että lumi tuli sulaan maahan ja suot eivät jäätyneet ajokelpoisiksi.

Silloin jouduttiin miesvoimin polkemaan lunta sulan kohdan yli. Kun lumi tiivistyi veden kanssa ja sää kylmeni, niin tie kantoi hevosta ja puut pystyttiin ajamaan tien varteen.

Traktoreita tuli metsätöihin 1950-luvun loppupuolella. Aluksi ne olivat maataloustraktoreita, joiden perässä oli reki ja kuormat tehtiin miesvoimin. Melko pian alettiin kehitellä jonkinlaisia nostimia, joilla tukit saatiin kyytiin.

Vaikka tukkinostimia oli jo käytössä, pinotavara jouduttiin kuor-maamaan käsin. Varsinaiset metsätraktorit tulivat markkinoille 1960-luvun puolivälin paikkeilla. Mökälässä sellainen oli vain Pöytäsaarella.

Keväisin tienvarressa oleva pinotavara kuorittiin. Yleensä mäntypuut oli tehty kaivospuiksi ja ne kuorittiin puolipuhtaiksi. Kuusi sitä vastoin tehtiin paperipuuksi ja kuorittiin usein täyspuhtaaksi eli "priimaksi".

Kun tiloilla oli runsaasti nuoria metsiä ja ihan taimikoitakin, metsissä piti tehdä myös perkaus- ja raivaustöitä. Tähän työhön saatiin joinakin vuosina yhteiskunnan tukea niin, että paikalliselta metsähoito-yhdistykseltä tuli työn-johtaja ja yksi tai kaksi työmiestä metsää raivaamaan sillä edellytyksellä, että tilalta piti olla yhtä monta työmiestä. Työ tehtiin siihen aikaan vesurilla. Raivaussahat yleistyivät vasta myöhemmin.

Kun pojat kasvoivat miehiksi ja maatalous oli huonosti tuottavaa, tuloja piti saada muualta.Vaikka omalla tilalla olikin työtä runsaasti, oli pakko lähteä ansiotyöhön. Metsähallituksen ja yhtiöiden työmaat lähiseudulla antoivat siihen mahdollisuuksia. Jossain tapauksessa jouduttiin menemään naapurikuntiinkin, Kinnulaan, Lestijärvelle ja Kivijärvelle. Olivatpa Lahden pojat yhtenä talvena Keuruulla saakka.Työmatkoja tehtiin polkupyörillä, kävellen ja mopedeilla. Joskus jouduttiin menemään niin kauas, että täytyi yöpyä yhtiön tai metsä-hallituksen metsäkämpällä, joita siihen aikaan vielä oli.

Myös marjoista saatiin lisätuloja. Mökälän nevoilla kasvoi alkuvuosina runsaasti lakkoja, joita poimittiin ja vietiin Ronkaisen kauppaan. Kun nevoja ojitettiin, lakkasadot pienenivät eikä lakkoja riittänyt enää myyntiin. Puolukkaa kasvoi joinakin vuosina runsaasti ja niilläkin saatiin vähän lisätuloja.

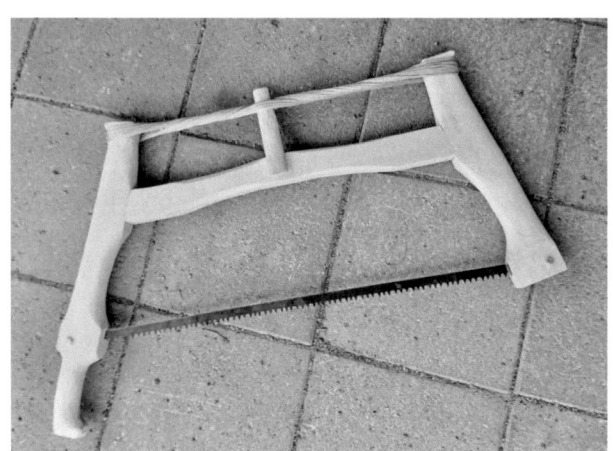

Reino Salmen puhdetöinä valmistama pokasaha. Näitä hän teki, kun pokasaha oli vielä yleinen työkalu. Sen sai helposti osiin ja reppuun ja voi koota taas kämpällä tai metsätöissä. Kuva: Seppo Salmi

Kun elettiin muutama vuosi eteenpäin 1950-luvun loppupuolelle, kyläläiset olivat saaneet hankittua lehmiä niin paljon, että osa maidosta pystyttiin lähettämään meijeriin. Meijeriauto alkoi ajaa kylällä ja vei maidot Möttösen meijeriin. Maidosta saatiin vähän tuloja, jotka helpottivat hiukan elämää. Paluukuormana meijeriltä tuli kurria, juustoa ja voita, sen mukaan kuin oli tilattu.

Samoihin aikoihin kun kuokkiminen loppui, taloihin alkoi ilmestyä traktoreita, jotka helpottivat peltotöissä. Äestäminen sujui niillä paljon nopeammin kuin hevosella.Ne, jotka eivät itse hankkineet traktoria, saivat tarvittaessa naapurista traktorimiehen korvausta vastaan. Aina korvausta ei maksettu rahana vaan se maksettiin työllä. Oltiin "väkivelkasilla.

Traktoreita alettiin hankkia 1950-luvun lopulla ja 1960-luvun alussa. Alkuun niitä käytettiin niin pelto- kuin metsätöissä. Kuva: Pro Agrian juhlajulkaisu, Maa elää, s. 171.

Maausko oli vahvaa

Maaseutuhenki ja usko maaseudun tulevaisuuteen oli kovassa kurssissa Keski-Pohjanmaallakin 1950-luvun taitteessa. Tämä näkyy mm. vilkkaassa maamiesseurojen toiminnassa. Maakunnan päälehdessä Keskipohjanmaassa oli juttuja Perhon maatalousnäyttelystä ja maamiesseuratoiminnasta myös Mökälässä. Lehtileikkeet ovat Pro Agrian arkistosta.

Perhon maatalousnäyttelyn avaus suoritettiin eilen vaikuttavin menoin
Yleisöä tuhatmäärin. Laaja ja monipuolinen näyttelyalue

Jo ensimmäisenä päivänään keräsi Perhon maatalousnäyttely yleisöä eri puolilta maakuntaa. Aamulla heitä oli puolisentoista tuhatta, mutta illalla määrä nousi 2500:een.

Tilaisuuden ohjelmassa oli muun muassa traktorillakyntökilpailu, hevosten esittelyä sekä lisäksi mm. ay-lehmien, lampaiden ja sikojen esittelyä.

Maatalousnäyttelyn avajaisten aluksi esiintyi Kannuksen torvisoittokunta. Tervetuliaispuheen piti kunnanjohtaja Yrjö Poranen. Hän esitteli Perhoa ja sen uudisviljelyvaltaisuutta.

Juhlapuheessaan maanviljelysneuvos Viljami Kalliokoski pyysi yleisöä kuvittelemaan, millaiselta Perho näytti 400 vuotta sitten. Tuolloin asutusta ei vielä juuri ollut, oli soita, hallaa ja karhuja, jotka kaatoivat asukkaiden vähäistä karjaa.

Nyt näkymät Perhossa ovat ihan toiset Perhossa suoritetun valtaisan uudisraivaustyön ansiosta. Se on muuttanut asukkaiden elintason kokonaan.

Valtava rakennustyö on puolestaan muuttanut pitäjän toisen näköiseksi. Joen perkaus on edistänyt veden poistumista, mikä on aiheuttanut hallan etääntymisen. Työ on Kalliokosken mukaan voittanut, mitä todistavat raivaukset ja rakentamiset sekä Perhos-sa pidettävä maatalous-näyttely.

Metsänhoitaja Paavo Ylivakkuri Keskus-metsäseura Tapiosta esitelmöi maatilametsätalouden uusista käyttömahdollisuuksista, joihin Pohjanmaan metsä-seuduilla on edelleen varaa. Esimerkkeinä hän mainitsi tuottamattomat alueet, joita on peltojen ja metsien rajamailla. Ne olisi saatava kasvulle.

Hän totesi Perhon muodostavan muinaisen metsänkäytön raja-alueen. Siellä näkee sekä kaskeamisen että tervanpolton vaikutuksia. Tervanpolton ja sahapuu-hakkuiden tuloksena esiintyy paljon kuusia tälle puulajille sopimattomilla paikoilla.

Näin Keskipohjanmaa-lehti 12.5.1953 numerossaan.

Perhon maatalousnäyttely 11.-12.5.1953 kokosi molempina päivinään yli 5 000 kävijää. Sen on todettu olevan Keski-Pohjanmaan näyttelyiden ennätys. (Erkki Kujala, Maa elää, Pro Agrian juhlajulkaisu, s. 159)

Valoisin ja toiveikkain mielin katsotaan Mökälässä tulevaisuuuteen

Maamiesseura puuhaa kylälle toimitaloa - Vireillä on myös sähköistämishanke

Esimerkillisellä tavalla asiaansa on vienyt Mökälän uudiskylän maamiesseura, joka perustettiin vuosi sitten. Lyhyessä ajassa on maamiesseuran minta saatu varsin monipuliseksi ja tuloksia tuottavaksi, sillä kaikki kyläläiset puhaltavat asiassa yhteen hiil-een,

Mökälän maamiesseuran puheenjohtaja mv. Väinö Tunkkari, joka pistäytyi eilen toimituksessamme, kertoi tämän nuoren maamiesseuran päätavoitteen tällä hetkellä keskittyvän varojen keräykseen toiminnan tarkoituksen huipistuessa oman maa-miesseurantalon aikaansaamiseen niin pian kuin mahdollista.

Viime talven ja kuluvan kesän aikana varoja on kerätty jo mainitua tarkoitusta varten hyvät summat. Maamiesseura on pitänyt säännöllisesti tupailtoja ja myös puunkeräyksiä käytetään lisäapuna. Uudis-kylällä ei vielä olekaan mitään yhteistä kokoonautmispaikkaa, ja mikä sopiikaan kehittyvän maanviljelyskylään paremmin teen kuin maamiesseurantalo. Ajatus on kaikkien kyläläisten yhteinen ja sen eteen tehdään työtä vaivoja säästämättä.

Eräs tulolähde on se, että kylän psotinkanto on järjestetty yhden miehen nimiin, mutta kanto suoritetaan vuorotellen, josta syystä keräy-tyvät varat sitten menevät maamies-seuran kassaan.

Keinot ovat monet. Ensi talven aikana tulee maamiesseura hankkimaan kylään myös alan kursseja ja tulevan kesän aikana järjestetään kilpailutoimintaa.

Maanviljelyksen suhteen on Mökälässä saavutettu myös hyviä tuloksia. Viljelykset ovat onnistuneet ja sadot muodostuneet tyydyttäviksi. Esim. rukiista sai kertojamme menneenä kesänä 11,5 kertaisen sadon - paha vain, ettei tämä ruis käy leipäviljaksi, sillä liika vesi teki sen, ettei siitä voi 1 eipoa. Mutta rehunahan se menee hyvin.

Tulevaisuuteen katsotaan Mökälässä valoisin ja toivorikkain mielin. Työtä on tehty ja joudutaan tekemään, sillä maa ei anna mitään ilmaiseksi, ei varsinkaan uudismaa. Pahimpana haittana ja kehityksen hidastajana kylällä on tällä hetkellä rahan-niukkuus, Uudiskylällä joudutaan vuosittain sijoittamaan suuria summia leipä- ja rehuviljan ostoon. Kun rahaa ei juuri näy, joudutaan pahoihin vaikeuksiin. Tällä kertaa niitä helpot-tavat kuitenkin alkavag metsäkaupat.

Muusta Mökälän kylän yhteistoimintamuodoista mainittakoon vielä vireillä oleva sähköistämishanke. Sähkö saadaan kylälle Keski-Suomen sähköyhtiöstä mahdollisesti jo ensi vuonna. Yksi tavoite on myös puhelin, joka vielä puuttuu.

Keskipohjanmaa, päivämäärä ei tiedossa.

Keskipohjanmaa:
MAAMIESSEURAVIIKOLLA
1953

Talonpojan paikka on
maamiesseuran riveissä

Maataloutta koneistettava

Nuoremman polven maanviljelijöissä on monia miehiä, jotka
ottavat elämäntehtävänsä vakavasti ja vakaumuksellisesti.
Heihin ei ulotu ne kiihokkeet,
jotka muu-ten tahtovat vetää
pellon yhtey-destä. Heidän
keskuudestaan löytyy miehiä,
jotka esi-isille uskollisina ovat
peltojaan kyntä-mässä. Heille on
tunnusomaista nimenomaan rehti
ja tinkimätön työnteko ja monessa tapauksessa on niinkin, että

heidän koko perheensä elää
maahengessä.
Lehtijutussa haastatellaan maanviljelijä Toivo Pakkalaa Vetelistä,
joka on hankkinut pesukoneen
emännälle avuksi ja isännällä on
ennestään traktori. Isäntä on sitä
mieltä, että maataloutta on
koneel-listettava vähän kerrallaan, muuten ei ole edistystä.
  Koneiden saamiseksi on kuitenkin myytävä yhtä ja toista,
esimerkiksi toinen hevonen tallista. Niin ikään on myytävä
puuta ja on otettava lainaakin,
traktorin ostoon.
  Jutussa kerrotaan myös, miten
eräs eteläpohjalainen oli ostanut
traktorin. Se oli maksanut puoli
miljoonaa (markkaa) kalustoineen. Maksukysymys oli hoitunut myy-mällä 20 sikaa.

Perhon maatalousnäyttelyssä järjestettiin myös traktorillakyntökilpailu. Kuva:
Pro Agria, Kokkola,
Maa elää julkaisu, s.
159.

Perhon Mökälän mm-seuran kokous

pidettiin tk. 22. pnä Eino Stenmanin talossa. Kokouksen avasi seuran puheenjohtaja Väinö Tunkkari todeten seuran ensimmäisen toimintavuoden olevan lopussa. Yhteistoiminta seuran piirissä on ollut hyvä, olisi toivottavaa, että innostus jatkuisi edelleen, sillä yhteistyön tarvetta tällaisella uudella kyläkunnalla kyllä on. Kokouksen puheenjohtajaksi valit-tiin Heimo Lahti ja sihteeriksi Väinö Myllymäki. Johtokunnan erovuoroiset jäsenet Armas Peltoniemi, Tauno Humalajoki ja Martta Stenman valittiin uudelleen. Lahja Känsäkankaan ja Erkki Varilan tilalle Rauha Saarikettu ja Leevi Pöytäsaari. Maatalousvaliokuntaan valittiin Eino Stenman, tilintarkas-tajiksi Heimo Lahti ja Jorma Tastula.

Ensi vuoden toimintasuunnitelmaan sisältyi mm. laskiaissunnuntaina järjestettävät halkotalkoot ja kesällä pidettävä juhla.

Keskipohjanmaa, päivämäärä ei tiedossa. Seura perustettu v.1952.

59

Mökälään tulivat kylän palvelut

Koulu

Kylämme koulu oli vuodesta 1951 vuoteen 1957 saakka ns. supistettu kansakoulu ja se toimi vuokrahuoneissa. 1-3 lk. olivat alaluokkia ja 4-7 lk. yläluokkia. Alaluokat aloittivat syksyllä koulun käyden sitä neljä viikkoa joka arkipäivä, lauantait mukaan lukien ja sitten sen jälkeen kevääseen saakka vain lauantaisin. Yläluokat kävivät koulua viitenä päivänä ja lauantaina oli alaluokkien vuoro.

Keväällä taas oli noin kuukauden mittainen jakso, jolloin alaluokat olivat koulussa kuutena päivänä viikossa ja yläluokat eivät enää käyneet koulua. Koulu loppui kesäkuun puolivälissä. Kouluruokailua ei ensimmäisenä vuonna ollut. Jokainen söi omia eväitään.

Mökälän koulu aloitti toimintansa Leevi ja Vieno Pöytäsaaren talossa vuonna 1951 ja jatkoi vielä syksyllä 1952 siellä. Kevätlukukaudella koulu siirtyi Julius ja Aune Korven taloon Hirvikankaaseen. Siellä opetus jatkuikin aina siihen saakka, kun koulu lakkautettiin v. 1965 ja oppilaita alettiin kuljettaa linja-autolla Salamajärven koululle.

Opettajat:
Kai Iivari Alijoki syksy 1951 - kevät 1952
Pentti Granander syksy 1952 - kevät 1953
Katri Junnila syksy 1953 - kevät 1954
Onerva Siironen syksy 1954 - kevät 1956
Laura Tiitto syksy 1956 - kevät 1957
koulu muuttui syksyllä 1957 kaksiopettajaiseksi
Salme Puskala, luokat 1-3, syksy 1957 - kevät 1958
Kaija Holstikko, luokat 4-7, syksy 1957 - kevät 1958
Soile Kuhmonen, luokat 1-3, syksy 1958 - kevät 1959
Martti Luostari, luokat 4-7, syksy 1958 - kevät 1959
Patama Kerttu 1959-1960
Patama Erkki 1959-1960
Tuunainen Martta 1960-1965

Luomaniemi Esteri 1960-1961
Kataja Mauno 1961-1963
Paavola Lauri J. 1963-1964
Sillanpää Jarmo 1964-1965

Opettajana omalla kylällä

Onerva Kotilainen (os. Siironen) toimi opettajana Mökälän koululla vuosina 1954-56. Se oli supistettu koulu. Syksyllä ja keväällä oli alakoululaisille pidemmät jaksot ja yläkoululaisille talvella.

Koulun juhlat ovat jääneet hänelle erityisesti mieleen. Näistä hän mainitsee mm. joulujuhlan Tiernapoikien esityksen, joka meni todella hienosti. Kevät-juhlissa oli puolestaan muun muassa erilaisia leikkejä ja voimisteluesityksiä.

Mökälän koulun oppilaita v. 1953. Kuva: Olavi Salmen albumi.

Ensimmäisenä vuonna oli Kinnulankin puolelta oppilaita, Nielujärveltä ja Matkusjoelta. Oppilasmäärä kohosi 48:ään. Se tuntui turhan paljolta yksiopettajaisessa koulussa. Sitten he jatkoivatkin oman kunnan puolella.

Puutyön opettajat olivat erikseen. Silloin tätä ainetta opettivat Aarne Tyynelä ja Eino Ronkainen. "Itse opetin muita aineita. Uskontoa oli monta tuntia, niin ikään oli suomen kieltä, lukemista ja kirjoittamista."

"Laskentoa, maantietoa ja historiaa, samoin laulua ja musiikkia sekä voimistelua oli niin ikään, normaaleja kouluaineita. Talvella käytiin hiihtämässä ja jäällä. Pidettiin hiihtokilpailuja."

Oppilaista suurin osa oli kilttejä ja hyvin oppivaisia. Aina tietysti mahtuu joukkoon joku hankalampi, mutta eipä siitä sen enempää. Paljon silloin oli kylässä asukkaita ja lapsia. Heitä oli asutustiloilta, mutta myös vanhoilta tiloilta

Äitienpäivät olivat tärkeitä juhlia kyläkouluissa tuohon aikaan, niin myös Mökälässä. Tässä äitejä v. 1955 juhlassaan. Onerva Kotilainen (os. Siironen) takarivissä vasemmalla. Kuva: Olavi Salmen albumi.

Kylällä oli vilkasta toimintaa. Enimmillään, sen kukoistuskaudella, asukkaita oli yli 200. Nythän se on pitkän aikaa ollut melko autio. Asukkaita ei juuri ole.

Minä lähdin Mökälästä opiskelemaan opettajaksi ja olin sitten pohjoisessa Pudasjärvellä opettajana, mistä tulin Reisjärvelle, Keski-Pohjanmaalle. Myöhemmin täydensin opintojani ja olin sen jälkeen Jyväskylän yliopistossa kasvatustieteen laitoksella tutkijana 27 vuotta eli eläkkeeseen asti", Onerva Kotilainen kertoo. (*Haastattelu: Anita Salmi*).

Mökälän koulu toimi Korven talossa vv. 1953 - 1965, minkä jälkeen oppilaita alettiin kuljettaa Salamajärven koulussa. Kuva: Perhon koululaitoksen historia.

Kauppa

Aluksi kaupat olivat kaukana. Lähin kauppa Perhon puolella oli Salama-järvellä, jonne oli matkaa noin 10 kilometriä. Sama matka oli lähimpään Kinnulan puolella olevaan kauppaan, joka oli Niemenkylässä. Salama-järvelle mentiin kesäisin alkumatka, noin 6 - 7 km, polkuja ja pitkospuita Pitkälahteen asti ja siitä loppumatka veneellä tai rantoja pitkin kävellen. Niemenkylälle mentiin niin ikään pitkospuita ja loppumatka, noin kolme kilometriä, maantietä kävellen.

Syksyllä 1951 Salamajärven kauppias, Toivo Ronkainen, aloitti sivu-myymälän pidon Heimo ja Rauha Saariketun tyhjäksi jääneessä asunto-saunassa, jossa se oli pari vuotta.

Mökälän ensimmäinen kauppa toimi vv. 1951- 1953 Saariketun tyhjäksi jääneessä asuntosaunassa. Tällaisissa rakennuksissa asutuskylään muuttaneet perheet asuivat alkuajan, ennen kuin varsinainen asuintalo valmistui. Sittemmin nämä pienet mökit toimivat työmiesten kortteereina. Tällä oli erikoistehtävä jonkin aikaa kauppana. Kuva: Anita Salmi.

Talvinen kuva Ronkaisen kaupasta, joka oli ns. neljän tien risteyksessä.
Kuva: Ulla Ronkaisen albumi.

Kauppa siirtyi myöhemmin kolmisen kilometriä Perhoon päin Hirvi-
kankaan ja Sääksnevan teiden risteykseen, jossa se toimi pitkään. Sit-
temmin sama kauppias liikennöi myymäläautoa, jonka reitti ulottui
Mökälästä Mehtä-Poraseen.

Terveyspalvelut, lääkäri, apteekki

Lääkäri ja apteekki olivat kirkolla, jonne oli matkaa 30 km. Pieni
helpotus asiaan tuli, kun Perhon apteekkari avasi lääkevaraston Väinö ja
Vieno Myllymäen taloon. Sieltä sai joitakin käsikaupan lääkkeitä, kuten
särkypulvereita ja muita ilman reseptiä myytäviä lääkkeitä.

65

Kun lääkäripalvelut olivat kaukana, monenlaisia kansanparantajia ilmaantui lähikuntiin. Nykykielellä heitä kai sanottaisiin uskomus-hoitajiksi. Oli myös joitakin"niksauttajia", jotka olivat erikoistuneet selkävikojen parantamiseen. Yksi sellainen oli veteliläinen Torpan Jussi, jonka luona monet saivat ainakin hetkellisen helpotuksen selkä-vaivoihinsa.

Viljakuivaamo

Kylään perustettiin maamiesseura heti viisikymmentäluvun alussa. Kun sähköt saatiin kylälle, maamiesseura rakensi viljan kuivaamon Perhontien varteen lähelle kylän kauppaa, neljän tien risteyksen tuntumaan. Kuivaamo oli ahkerassa käytössä syksyisin. Jokainen hoiti kuivaamisen itse omalla vuorollaan.

Tanssilava

Maamiesseuran aloitteesta kylälle rakennettiin myös tanssilava lähelle ns. "neljän tien risteystä". Kesäisin siellä pidettiin tansseja, joihin väkeä saattoi tulla myös lähikylistä.

Kyläläisten joukosta löytyi soittotaitosta väkeä niin paljon, että pystyttiin pitämään tansseja ihan omin voimin. Reijo Peltoniemi ja Viljo Lahti soittivat haitaria, Esko Korpi viulua ja Erkki Tunkkari taisi soittaa kitaraa. En muista oliko tällä yhtyeellä mitään nimeä. Sellainen muistikuva minulla on, että he kävivät joskus soittamassa muillakin paikkakunnilla.

Mökälän lavan tilaisuuksissa kävi ainakin kerran niin, että toinen haitaristi (VL) kyllästyi hyttysiin niin kovasti, että lopetti soittamisen siltä illalta.

Tieyhteydet ja linja-autoliikenne

Liikkuminen tapahtui alkuaikoina kesällä pelkästään jalkaisin ja talvella myös suksilla tai hevosella. Siihen aikaan, kun kylää alettiin asuttaa, sinne ei kesä-aikana päässyt kuin jalan.

Muistan vielä hyvin, kun oma perheeni muutti Kinnulan Kangas-kylältä Mökälään kesäkuussa 1949. Vaikka isäni syntymäkoti oli Haasiosalmen metsänvartijatila ja hänen sukunsa asui edelleen siellä, isä ja äiti olivat sota-aikana muuttaneet Kinnulaan, äitini syntymäkodin lähelle.

Nyt, kun tilaisuus tarjoutui, vanhempamme ilmeisesti isän aloitteesta päättivät lähteä muokkaamaan korpea isän kotikulmille.

Pitkospuut Salamajärven Pitkäänlahteen. Kuva: Olavi Salmen koti-albumi.

Suurin toivein perhe lähti tuota ns. kylmää tilaa kohti. Kuusi kilometriä hevonen veti muuttokuormaa, johon kuuluivat 9-vuotias Oili, 7-vuotias Olavi, 4-vuotias Tapio, 2-vuotias Tuula ja kahden kuukauden ikäinen Anna-Liisa, joka sitten ei jaksanutkaan elää pitkän matkan jälkeen, vaan kuoli kuukauden sisällä.

Loppumatka, seitsemän kilometriä, taittui nimittäin jalkaisin kinttu-polkuja ja pitkospuita pitkin ja viimeinen kilometri matkattiin veneellä. Tervetulokonsertin piti sakea hyttyskuoro.

Kun jonkinlainen ajokelpoinen tie tuli kylälle (1951-1952), polkupyörät helpottivat liikkumista ja myöhemmin mopedi oli lähes jokaisessa talossa. Autoja ja moottoripyöriä oli kylällä minun nuoruudessani vain muutamia. Traktori oli myös suosittu kulkuväline. Itsekin vein ainakin kerran traktorilla kyläläisiä äänestyspaikalle.

Linja-autoliikenne Mökälään alkoi n. 1960-luvun taitteessa. Tämä Matti Salmisen linja-auto kuljetti myös koululaisia. Kuva: Perhon koulu-laitoksen historia.

Maatalousnäyttelyihin ja muihin kauempana olleisiin tapahtumiin mentiin kuorma-auton lavalla. Kesäaikaan se menetteli, mutta talvella se oli kylmää kyytiä.

Vaikka tie oli saatu kylälle, liikennöiminen alkuvuosina oli talvisin hankalaa. Usein tie oli auraamatta viikkokausia eikä autoilla ei päässyt kulkemaan. Joskus lunta oli niin paljon, että tarvittiin ihan telaketjutraktori puskemaan lunta pois tieltä. Sen ajan aura-autojen teho ei riittänyt.

Kylän ensimmäinen ja taisi olla viimeinenkin virallinen taksi tai kuten silloin sanottiin pirssi, oli sedälläni, Valde Salmella, joka hankki sen alkuvuodesta 1952. Tällä autolla hän kuskasi kyläläisiä sen mukaan kuin tarvetta oli.

Itse kävin samana kesänä ensimmäisen kerran elämässäni Perhon kirkolla tämän pirssin kyydissä. Matka ei sujunut ihan kommelluksitta. Olin nuoremman veljeni Tapion ja sisareni Tuulan (Mairen) kanssa päässyt isän ja Valde-sedän mukana Perhon kirkolle. Miehet hoitivat asioitaan, ja me lapset ihmettelimme kaikkea näkemäämme. Seisoimme auton vieressä odotellen kotiinlähtöä. Isä oli mennyt muutaman sadan metrin päässä olevaan KPO:n myymälään ja sanonut sieltä tulevansa kyytiin, kun kauppa oli matkan varrella.

Valde-setä oli tavannut Koivukosken kaupassa tuttavan, joka asui samalla suunnalla kuin me. Hän oli luvannut ottaa tämän tuttavan kyytiin, ja kun he pääsivät autoon sisään, Valde lähti ajamaan.

Me lapset jäimme ihmeissämme tien varteen. Vähän siinä hätäännyimmekin ja lapsille tyypilliseen tapaan yritimme ratkaista pulman purskahtamalla itkuun.

Tapauksen nähnyt, paikalle tullut perholainen lohdutti, että kyllä ne tulevat takaisin, kun huomaavat teidän jääneen. No niin siinä kävikin. Isä oli heti huomannut, että lapset eivät ole autossa, ja niin tämä episodi päättyi onnellisesti. Setä vain toruskeli meitä lapsia, kun sillä tavalla jäämme auton kyydistä.

Mökälässä ei pirssikyydille kuitenkaan ollut tarpeeksi kysyntää ja niinpä Valde lopettikin jo parin vuoden kuluttua pirssin pidon.

Linja-autoliikenne kylälle alkoi joskus 1960-luvun taitteessa, kun tie oli saatu parempaan kuntoon ja sillat sellaisiksi, että ne kestivät autojen painon. Aluksi vain yksi linja-auto ajoi aamuisin Kinnulasta Perhoon ja illalla saman reitin takaisin. Sitten alkoi ajaa postiauto illoin aamuin Mökälän läpi.

Pian sen jälkeen alkoi ajaa toinen linja-auto aamulla Perhosta Kinnulaan ja illalla takaisin. Aikataulut olivat sellaiset, että koululaiset pystyivät kulkemaan Perhon kirkolla koulussa.

Ihan lyhyen aikaa oli sellainenkin linja-autovuoro, joka tuli Kinnulasta ja kääntyi takaisin Mökälän kaupalta. Se kokeilu ei kuitenkaan kestänyt kauaa. Matkustajia ei ollut tarpeeksi.

Koulumatkat tehtiin yleensä jalkaisin tai talvella hiihtäen. Tiet olivat huonosti aurattuja ja monesti ihan auraamattomia. Joillakin lapsilla saattoi olla käytössä polkupyörä, mutta minun kouluaikanani se oli hyvin harvinaista.

Mökäläänkin tuli uusi aika ja autot. Kuvassa museoautoja.
Kuva: Pixels (muokattu).

*Kylmien tilojen raatajat
loivat tulevaisuuttaan
sodan jälkeen. Uudistila
koettiin mahdollisuutena,
kun muuta ei ollut.
Aika on heistä kaikista
jättänyt ja Mökälän kylä
on osa syrjäisen
maaseudun kehitystä.*

Antti Hietaniemi seurasi asutustilallisten elämää viran puolesta

"Kovan työn he tekivät korven raivaajina"

Pitkään kunnallispolitiikassa ja myös erilaisissa maakunnallisissa luotta-mustehtävissä toiminut Antti Hietaniemi toimi Perhon maatalous-sihteerinä vuosina 1971-1977 ja hoiti tuolloin myös asutustilallisten asioita.

Tehtäviin kuului lain säätämiä valvontatehtäviä. Valtio oli luovuttanut asutustilallisten käyttöön maata. He olivat saaneet tähän lainaa ja maksu-aikaa oli tietyin ehdoin jopa 30 vuotta. Tiettyjä sääntöjä siinä oli. Esimerkiksi lapsen syntymästä sai vapaavuoden.

"Tiloilla saatiin lisätuloa metsätöistä ja puunmyynnistä. Oli siihen liittyviä valvontatehtäviä. Metsää sai hakata ja puuta myydä vain tietyn määrän vuodessa", Antti Hietaniemi kertoo.

Puun myyntiin tarvittiin kirjallinen lupa, mikä perustui kasvuarvioon. Alueella oli valtion omistamaa metsää aiemmin käytetty etupainotteisesti. Asutustilojen käyttöön tuli osin nuorehkoa metsää. Järeimpiä puita oli kaadettu jo aiemmin, mm. tervanpolton tarpeisiin. Tästä johtuen osa asutustilojen metsistä oli sellaista, että sitä pystyttiin vain säästellen ottamaan myyntiin.

Sodan jälkeen puuvarantoja otettiin edelleen käyttöön. Paljon metsikköä koko maassakin hakattiin sotakorvauksien tarpeisiin. Perhossa oli jo ennestään kymmeniä metsäkämppiä ja savottakausi jatkui sodan jälkeen.

Metsällä oli iso merkitys asutustiloille. Maataloudesta ei saatu riittävästi tuloja, vaan ne oli haettava metsistä. Ei vain omista, vaan osin myös vieraiden savotoilta. Perhoa voitaneen kutsua ns. Savotta-Suomeksi näillä mittareilla, vaikka varsinaisesti sitä oli lähinnä itäisen Suomen alue.

Mökälään perustetut asutustilat olivat myös syrjässä ja heikkojen kulku-yhteyksien takana. Monille tämä oli kuitenkin uusi mahdollisuus päästä sodan jälkeen elämän syrjään kiinni. Asutustilalliset olivat maaseudulta lähtöisin. Siellä ei kuitenkaan ollut tarjolla töitä. Oma maatila, pienikin, toi siihen mahdollisuuden. Siihen tartuttiin. Se ei ollut helppo tie. Mökälä oli karua suomaata ja kovalla työllä sinne raivattiin pellot.

"Sitten jo 1960-luvulla alkoi suuri maaseudun rakennemuutos jo tuntua. Monet lähtivät Etelä-Suomeen töihin tai Ruotsiin, jonne muutti Suomesta noin 400 000 ihmistä. Tämä oli hyvin rankkaa aikaa maaseudulle", Hieta-niemi toteaa.

"Elämä muuttui muutoinkin. Maataloustuotteista tuli ylituotantoa ja monet vielä Mökälässä asuneet käyttivät hyväkseen mahdollisuuden panna peltoja pakettiin. Lainsäädännöllä pyrittiin nimittäin vähentämään maataloustuotantoa. Omiin tehtäviini kuului myös käydä tarkistamassa pakettipeltoja ja niiden tilannetta eri puolilla kuntaa, niin Mökälässäkin."

"Samalla kun kuljin siellä, näin asutustilojen elämää ja kuulin tarinoita, miten oli korvesta raivattu peltoa ja aloitettu tyhjästä. Se tuntuu nyt ajattellen käsittämättömältä. En usko, että nykyinen sukupolvi siihen pystyisi tai edes ryhtyisi. Silloin ei kuitenkaan ollut vaihtoehtoja."

Heinäladot ovat osa maaseudun historiaa. Kuva: Anita Salmi.

74

Antti Hietaniemi huomauttaa, että nykypolven on vaikea käsittää, millaisin ponnisteluin asutustilalliset korvessa itselleen ja perheelleen elämän eväitä hankkivat. Kuva: Anita Salmi

Antti Hietaniemi kertoo eläneensä ja kasvaneensa Perhossa ja mainitsee tuntevansa nämä asiat ja asutustiloihin liittyvät piirteet paitsi työn puolesta myös muutoin. "Varsinkaan jälkipolvella ei ole käsitystä, millaisen työn kylmillä tiloilla asuneet ovat tehneet."

"Sitten oli vielä kunnan muiden asukkaiden kesken perusteetonta kateutta ja puheita. Kuviteltiin asutustilallisten saaneen maansa lahjaksi valtiolta. Se oli hyvin loukkaavaa heitä kohtaan. Eihän se niin mennyt. Kyllä he joutuivat siitä maksamaan. Voipa jopa sanoa, että maksoivat työllään luultavasti vielä monin verroin kalliimmin, kuin mitä oli se maan hinta. Siinä ohessa kasvatettiin uusi sukupolvi."

"Jos ajattelee, että he aloittivat tyhjin käsin ja muovasivat tilansa. Sitä työn määrää on edes vaikea kuvitella. Ja miten alkeellisissa oloissa aloittivat elämänsä niin sanotuissa asuntosaunoissa, joissa asuttiin, ennen kuin saatiin varsinainen talo ja muut rakennukset tehtyä."

"Täysin katteettomia olivat ikävät puheet ja kateus, mitä heihin suunnattiin joiltain tahoilta", Antti Hietaniemi huomauttaa.

Maanhankintalailla oli niin ikään poliittinen tarkoitus. Sillä haluttiin turvata yhteiskuntarauha. Suomi oli käynyt raskaan sodan Neuvosto-liittoa vastaan ja hävinnyt. Paitsi että luovutetun alueen siirtolaisille jaettiin maata, sitä jaettiin rintamamiehille, sotainvalideille ja sotaorvoille. Suomi oli tuolloin vielä agraarinen maa ja maatilat tarjosivat työtä. "Tämä katsottiin yhteiskuntarauhan kannalta tärkeäksi. Päästiin raken-tamaan maata ja kehittämään yhteiskuntaa. Sota kosketti satojatuhansia miehiä, joista monet olivat vielä varsin nuoria ja itsenäisen elämän alussa. Asutustiloja oli runsaat satatuhatta ja sellaisia saivat anomuksesta mm. naimisissa olevat rintamamiehet.

"Ajattelen, että työ yleensä ja työ maaseudulla maatiloilla auttoi sodan traumoissa kärsineitä miehiä. Sodastahan ei saanut siihen aikaan edes puhua, siitä piti vaieta. Miesten piti pitää sisällään kovat kokemukset."

"Työ maatiloilla oli raskasta, mutta ehkä se auttoi ainakin osin vähitellen unohtamaan sodan kovat kokemukset. Haluaisin tässä nostaa esille myös asutustilallisten vaimojen roolin. He olivat kenties ainoita ihmisiä, joille miehet pystyivät puhumaan sodan julmuuksista, jos heillekään. Sanoisin, että niin kuin sodan aikaan kotirintamalla, myös sen jälkeen tarvittiin voimakkaita ja myös ahkeria naisia. Mitä olisi yhteiskuntamme ilman näitä naisiamme? Kyllä hekin ovat olleet yhteis-kuntarauhan takaajina ja tehneet isoja uhrauksia omalla työllään ja ponnistuksillaan. Heille kuuluu myös kunnia. Harvoin heidän osuuttaan vain on huomioitu."

"Monenlaisia elämäntarinoita ja kohtaloita kuulin työssäni. Kyllä tunnen kunnioitusta näitä korpien raivaajia kohtaan, jotka loivat elämän polkunsa ja lapsilleen elämän eväät kovalla työllä."(*Haastattelu: Anita Salmi*)

Heinät kuivatettiin paljolti seipäillä. Kuva: Pro Ag-rian arkisto.

Anita Salmi
Nainen oli monena maatiloilla ja niin myös asutustiloilla

Suomalaisen maatilan emännällä, varsinkin pientilan emännällä, oli työssään monta roolia ja tehtävää, vapaa-aikaa ei juuri ollut. Häneen päti hyvinkin vanha suomalainen sananlasku: Vie mennessäs, tuo tullessas, tee ollessas.

Ihan kuten maaseudun kehitykseen vaikuttivat torpparilaki, asutustoiminta ja uusimpana tekijänä Suomen liittyminen Euroopan Unioniin, tuntuivat nämä tuolloiset uudistukset tai muutokset maaseudun naisten elämässä ja suurin osa heistä oli emäntiä. Tuota nimikettä ei kuitenkaan käytetty 1900-luvun alun pientiloilla eikä juuri myöhemminkään.

Agraarisessa Suomessa maatilojen emännät olivat suurin työssä käyvä naisten ryhmä. Tosin vielä pitkälle 1900-luvulla heidän tehtäväänsä ei oikein yhteiskunnan silmissä laskettu miksikään.

Pyykinpesu oli hyvin alkeellista maaseudulla vielä 1960 -luvun taitteessa. Eva Salmi keittämässä pyykkiä ulkona muuripadassa. Kuva: Anita Salmen albumi.

Tasa-arvon lisääntyminen työelämässä ja myös maatiloilla on tuonut naisille, emännille heille kuuluvan arvon ehkäpä vasta muutama vuosikymmen sitten. Tämä todettakoon mitenkään isäntien työtä väheksymättä.

Vielä 1900-luvun alkupuolella ja vuosikymmenien ajan sodan jälkeen oli yhteiskunnassa yleensä ja niin maatiloillakin selkeä jako miesten ja naisten töihin. Pientiloilla, joita valtaosa Suomen maatiloista vielä pitkälle 1900-luvulla oli, isäntä hoiti yleensä peltotyöt ja oli metsätöissä tai erilaisissa sivutöissä, joista saatiin lisätienestiä.

Nainen hoiti lapset ja huolehti niin sanotuista huushollitöistä, ruoan-laitosta ja siivouksesta. Hän teki niin ikään navettatyöt, huolehti karjasta, lehmistä, lampaista, kanoista, sioista ja muista eläimistä, mitä niitä nyt oli. Hän ruokki ne aamuin illoin, vei rehua tai heiniä, kantoi vedet joskus pitkienkin matkojen takaa. Hän lypsi lehmät, kaksi kertaa päivässä. Mies puolestaan hoiti useimmiten hevoset, siihen aikaan, kun ne vielä palvelivat maa- ja metsätaloustöissä.

Kun sitten lehmät alkoivat tuottaa maitoa yli oman tarpeen ja maitoa vietiin meijeriin, oli usein niin, että vaikka nainen oli tehnyt pääosan siihen liittyvästä työstä, mies nosti ns. meijeritilin. Hän hoiti perinteisesti raha-asioita.

Yleisenä yhteiskunnallisena ihanteena oli työteliäs ja toimelias nainen, jonka oli suotavaa osata yhtä ja toistakin. Hänen piti olla kodin hengetär kaiken muun ohella.

Jos naisella oli aikaa istahtaa hetkeksi, hän teki samalla jotain käsityötä, kutoi sukkaa, kirjoi liinaa tai virkkasi, mitä milloinkin. Toimettomana ei sopinut olla.

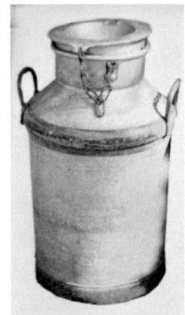

Erityisesti käsityötaitoja pidettiin hyvän naisen mittana siihen aikaan, kun kaupasta ei juuri mitään valmista vielä voinut ostaa. Vaatteiden ompelu oli eräs maaseudun naisen keino saada käyttöön omaa rahaa. Sitä taitoa ei jokaisella ollut. Niinpä saatettiin tehdä oman perheen ohella vaatteita myös muille sukulaisille tai lähinaapureille, mistä tuli vähän käyttörahaa.

Emännät auttoivat niin ikään peltotöissä, minkä muilta tehtäviltään ennättivät. He olivat mukana esimerkiksi heinä- ja elopelloilla.

Peltotöissä oltiin ennen maaseudulla koko perheen voimin ja joskus oli mukana talkoolaisiakin. Kuva: Leena Viinikaisen albumi.

Normaaliin viikko-ohjelmaan kuuluivat leipominen, pyykinpesu ja siivous. Ne ovat tietenkin tavanomaisia töitä kodeissa edelleen, leipomista lukuun ottamatta, mitä ei ehkä niin usein kaikissa perheissä enää tehdä kuin aiemmin. Vielä sodan jälkeen ja aina 1960-luvulle koneita ei juurikaan maaseudun naisten apuna taloustöissä ollut, kaikki tehtiin käsin.

Usein perheessä emäntä huolehti paitsi lastenhoidosta myös muusta hoivatyöstä, jos ja kun jomman kumman puolison äiti tai isä hoitoa tarvitsi. Palvelukoteja ei vielä ollut ja sosiaalitoimi oli kehittymätöntä.

Tietenkin monilapsisessa perheessä, jossa oli tyttöjä, he alkoivat ottaa osin vastuuta niin sanotuista naisten töistä. Päävastuu kaikesta oli kuitenkin äidillä.

Naisella oli lisäksi kuuntelijan rooli. Monien puolisot olivat olleet vuosien ajan rintamalla. Sotien jälkeen siirtolaisille, rintamamiehille,

79

sotainvalideille, sota-orvoille ja sotaleskille jäettiin asutustiloja. Näin Suomeen muodostettiin runsaat 100 000 uutta pientilaa.

Monet pariskunnat aloittivat uuden elämän asutustiloilla sodan jälkeen. Raskaat rintamakokemukset painoivat miehiä eikä tuohon aikaan ollut kriisiterapiaa tai muuta julkista keskusteluapua, minkä avulla raskaita kokemuksia olisi voinut työstää. Ainoa lääke oli työhön tarttuminen. Samoin se oli niin tehtaissa kuin maatiloilla työskentelevillä.

Nainen, vaimo, oli ehkäpä ainoa sodan traumoista kärsivän miehen kuuntelija. Naiset olivat kantaneet yhteiskuntaa, miesten ollessa sodassa. He kantoivat rauhan tultua osaltaan omat taakkansa puolison tukijoina ja sivustaseuraajina. He eivät olleet rintamalla, mutta kävivät osaltaan sotansa kuulijoina ja myötäeläjinä. Yleistä taakkaa lisäsi niin ikään se, että sodasta ei julkisuudessa edes saanut puhua. Se oli kielletty aihe aina 1990-luvun taitteeseen saakka, jolloin vasta alettiin tunnustaa sotien veteraanien, miesten ja naisten työ ja uhraukset.

Leipä tehtiin kotona. Emäntä tarvitsi monenlaisia tarvekaluja taloustöissä, kuvassa leipälapio ja jauhokauha.. Kuva: Anita Salmi.

Taloustöissä tarvittavat
esineet tehtiin
puusta. Vasemmalla
härkin, esim. leipä-
taikinoiden sekoitta-
miseen, erilaisia
kauhoja ja survin,
jolla soseutettiin mm.
perunoita tai puolukkaa.
Kuva: Anita Salmi

Maaseudun ja asutuskylän nainen ei ollut roolissaan kuitenkaan yksin. Samaa työtä tehtiin ja samojen asioiden parissa painiskeltiin naapureissa. Yhteisöllisyyttä oli siten, että kyläiltiin toisissa. Apua saatiin tarvittaessa niin ikään läheltä.

Henkisesti raskaita asioita tuskin silti jaettiin. Jokainen kävi niitä läpi itsekseen tai puolison kanssa, jos tämä kykeni niistä puhumaan. Suomalaisen miehen tuntien, se lienee ollut vähäistä. Ehkäpä haluttiin myös säästää vaimoa sodan hirveyksiltä. Ei ole helppoa kertoa, miten toimittiin, jos kyseessä oli oma tai vastapuolen henki. Ja kuinka monia piti surmata.

Maaseudun naiset, varsinkin kylmillä tiloilla tulevaisuuttaan puolisoidensa rinnalla rakentaneet naiset, ansaitsevat oman kirkkaan mitalinsa. Heidän piti riittää fyysisestikin moneen ja lisäksi oli tuettava sodan murtamia miehiä. Vei oman aikansa, ennen kuin sodan traumat alkoivat vähitellen hälvetä. Ehkäpä vasta sitten, kun niistä saatiin alkaa julkisestikin puhua.

Erkki Kujalan kirjasta "Veljeyden tie", julkaistaan kirjailijan luvalla Mökälän asutustilallisia koskevat tekstit. Kirja on julkaistu v. 2007.

Maan syrjään kiinni

Vuonna 1945 säädettiin laki maanhankinnasta ja asutustoiminnasta, jonka perusteella voitiin perustaa asutustiloja Karjalan siirtoväelle, sotainvalideille ja muille rintamamiehille, nimenomaan tähän tarkoitukseen joko luovutetuista tai pakkolunastetuista maa-alueista. Keski-Pohjanmaalle perustettiin tämän lain pohjalta asumattomiin korpiin ja soille asutusalueita eri pitäjiin. Näitä perustettuja tiloja nimitettiin "kylmiksi tiloiksi", koska ne oli perustettu ennen asumattomille alueille ja olosuhteet olivat hyvin ankeat. Monet uudisasukkaat loivat niistä kuitenkin kovalla työllä ja uutteruudella viihtyisiä ja elinkelpoisia tiloja ja asuinalueita. Osa tiloista ja kokonaisista kylistä jäi asumattomiksi asukkaiden väsyttyä taistelemaan olemattomalla toimeentulolla karuja olosuhteita vastaan.

Esimerkkeinä näistä korpeen kotinsa raivanneista sotainvalideista käyvät hyvin vieläkin Perhon Mökälässä vanhuuden päiviään raivaamillaan tiloilla ja rakentamissaan taloissa asuvat Heimo ja Rauha Saarikettu sekä Leevi ja Vieno Pöytäsaari. Molemmat pariskunnat muuttivat Mökälään kevättalvella 1949. Molemmilla perheillä oli tuolloin kaksi pientä poikaa. Isännät olivat haavoittuneet jo Syvärillä ja lisää Lapin sodassa. Sirpaleita oli jaloissa, mutta lääkärit eivät paljoa invalidiprosentteja antaneet. Perisuomalaisen miehen tapaan vaivoja ei valitettu eikä uusiin tutkimuksiin menty. Monen muun tavoin korpeen vain, kun oli mahdollisuus päästä maan syrjään kiinni.

Mökälän asutusalue on Perhon ja Kinnulan välisellä sydänmaalla. Suurin piirtein puolivälissä Perhon Salamajärven kylää ja Kinnulan Piilijoen kylää. Kumpaankin on noin 7 km. Se perustettiin aikoinaan valtion maille tiettö-mään korpeen. Alueella oli kolme vanhaa asuinpaikkaa.

* Pari tarkennusta Kujalan kirjan tekstiin. Vanhoja asuinpaikkoja oli kuusi ja rintamamiehiä 20, kuten perustettuja asutustilojakin. (toim.huom./AS)

Ne olivat tiettömiä erämaataloja, joihin oli jäänyt asukkaita entisajan metsänvartijatiloilta ja jotkut olivat peruja muinaisilta tervanpolton ja raudanvalmistuksen ajoilta. Noille saloille suuntasi 21 sodasta päässyttä rintamamiestä, kokeiltuaan etsiä muutaman vuoden paikkaansa yhteiskunnassa valmiimmilta paikoilta. Kun sitä ei noina suuren murroksen vuosina oikein löytynyt, he lähtivät sinne missä muiden ihmisten vastustus oli pienin, mutta luonnonvoimien suuri.

Kun valtio lohkoi mailtaan asutuslain nojalla palstoja tiloiksi rintama-miehille ja sotainvalideille, jotka eivät olleet ennen sotaa ehtineet löytää ammattia ja jotka eivät olleet koskaan vielä omistaneet oikeastaan mitään, niin se houkutteli. Nuo 21 miestä tulivat lähinnä Perhosta, Vetelistä, Kaustiselta ja Kinnulasta. Ensin he hiihtivät metsään yksin tai jonkun sukulaismiehen kanssa selässään reppu, kirves ja pokasana, viikon tai parin eväät kerrallaan. Ahkeralla raadannalla he saivat pystyyn asuntosaunan. Sitten haettiin uudelle kotikonnulle vaimo ja lapset, jotka olivat odottaneet kiihkeästi muuttoa kuka missäkin tilapäispaikassa tai toisen puolisoista kotona. Tavarat kannettiin käsissä, pienimmät lapset kontissa ja perintölehmä, jota saattoi olla saattamassa joku sukulais-emäntä, kävelytettiin läpi soiden ja ryteikköjen. Lehmätkin osasivat ylittää ojat ja purot jopa muuta-man puunrungon levyisiä portaita pitkin.

Elämä asuntosaunassa oli ahdasta ja työlästä, mutta se oli oma. Vähitellen saatiin raivattua vähän peltoa tontille perunamaaksi ja sitten talo, uusi koti. Se oli toiveiden täyttymys. Peltoa raivattiin, metsiä hakattiin, lapsia syntyi ja lopulta saatiin tiekin. Näin syntyi Mökälä, sodan jälkeinen asutuskylä satojen muiden tapaan. Koulua pidettiin taloissa, kauppaa erään talon asuntosaunassa, joka vapautui asukkaiden päästyä uuteen taloon. Myös lehmät lisääntyivä, kun pellot rupesivat tuottamaan suoheinää enemmän rehua. Tiekin saatiin aikanaan ja maitoa ruvettiin viemään meijeriin, mikä tiesi pientä rahan lisää meijeritilinä.

Parhaimmillaan Mökälässä oli lähes kolmesataa asukasta. Nyt heitä (v. 2007) on vain 16 aikuista ja kolme lasta. Ei ole myöskään kauppaa eikä koulua. Alkuperäisistä tulijoista ovat ainoita Saariketut ja Pöytäsaaret sekä jälkimmäisten aikoinaan kontissa kylään kannettu poikansa Eero.

Tässä heidän omakohtaiset kertomuksensa:

Rauha ja Heimo Saarikettu

Heimo on syntynyt Kaustisella 6.1.1922 ja Rauha os. Kivistö Vetelissä 20.8.1924. Naimisiin he menivät sota-aikana 1943 Heimon käydessä lomalla. Heimo taisteli jatkosodassa JR 50:ssa 5. komppanian pikakiväärimiehenä mm. Syvärin alajuoksulla, Kärstilänjärvellä ja Lavolassa. Hän joutui vielä Lapin sotaan ja haavoittui saksalaisten kranaatista Torniossa myöhäissyksyllä 1944. Kranaatinsirpale tunkeutui lonkasta niin syvälle pakaralihakseen, että lääkärit katsoivat parhaaksi jättää sen sinne koteloitumaan.

Rauha ja Heimo Saarikettu kotonaan Mökälässä. Kuva Erkki Kujalan kirjasta, Veljeyden tie, s. 96.

"Siellä se on vieläkin. Sen takia olen ollut vähän nilkku aina siitä lähtien", kertoo Heimo Saarikettu. "Sain siitä vain 10 %:n invaliditeetin, joka ei oikeuttanut juuri mihinkään etuihin.

Aika on sitten kulunut vain täällä Mökälässä työhommissa, eikä ole tullut haettua korjausta prosenttiin. Vasta viime vuonna Perhon osaston sihteeri rupesi sanomaan, että eikö pitäisi mennä lääkäriin ja hakea korkeampaa prosenttia, kun sinä noin nilkutat tuota jalkaa ja kuulokin on mennyt.

Niinhän minä menin ja tehtiin paperit, joiden perusteella prosentti nousi kahteenkymmeneen. Sehän tiesi monenlaista etua, mistä en ennen tiennyt-kään. Nyt pääsen kuntoutukseen, minulle tuodaan ruokaa kerran päivässä, saan kerran viikossa ilmaisen taksikyydin kylälle asioita hoitamaan ja mikä parasta saimme viime kesänä Sotainvalidien Veljesliiton tuella vesijohdon, kun meiltä loppui vesi kaivosta tykkänään."

Rauha ja Heimo Saarikettu kertovat, että he tulivat kahden pienen pojan kanssa Mökälään viimeisillä talvikeleillä pääsiäisen aikaan 1949. Kolmas poika syntyi sitten täällä. Heimo oli raivannut apumiehen kanssa jo tontin paikan ja rakentanut asuntosaunan, jonne perhe voi muuttaa. Heillä oli Heimon kotoa kaksi lehmää, mutta ne täytyi jättää ruokolle Salamajärven Pitkäänlahteen, koska mitään suojaa niille ei vielä ollut. Kesällä lehmät sitten tuotiin uuteen kotiin ja ne saivat haeskella ruokansa lähimetsästä ja soilta. Talo valmistui v. 1950. " Se oli juhlaa, kun päästiin ahtaasta asuntosaunasta omaan ja oikeaan tupaan", he kertovat.

Saarikettujen elämänvaiheet ovat esimerkki siitä, miten yksikin seikka voi muuttaa elämän suunnan aivan toiseksi. He olivat asuneet sodan jälkeen Heimon kotona Kaustisella. Rauha oli miniänä ja vanhimmat pojat ehtivät niinä vuosina jo syntyä. Sitten Heimo oli saanut työpaikan Harjavallasta valimolta ja perhe muutti sinne. Työ oli ollut raskasta, mutta mielen-kiintoinen ja kohtuullisen hyvin palkattu. Kunnon asuntoa ei vain ollut löytynyt. He asuivat jossain saunakamarissa, joka oli ahdas ja vaatimaton. Talven tullen asuminen oli siinä käynyt pienten lasten kanssa mahdot-tomaksi.

Palattuaan Kaustiselle he saivat kuulla Perhon sydänmaille perustettavasta asutuskylästä ja niin he laittoivat anomuksen vetämään ajatuksella, että sinne! Seutu oli Heimolle jo vähän tuttu, koska hän oli ollut muutamana talvena sodan jälkeen siellä jo hevosen kanssa savotoilla puun ajossa.

Näin he muistelevat elämän kulkua Mökälässä:

"Kyllä se vain kuivaa oli se elämä. Usko elämän onnistumiseen täällä oli kuitenkin kova. Meidän tilalla oli se paha puoli, että valtio oli hakannut kaikki metsät arvopuista puhtaaksi, ettei puita juuri ollut myytäväksi. Myöhemmin haavasta sai jonkin verran myyntituloja, kun ruvettiin ostamaan priimaksi parkattua tulitikkuhaapaa. Raivasimme peltoa noin kahdeksan hehtaaria. Lehmiä oli parhaimmillaan viisi, mutta ei niistä isoa maitotiliä saanut, sillä ei ne nevaheinillä ja metsälaitumilla kovin paljoa heruneet.

Kaupasta täytyi ostaa lisärehua, mutta se merkitsi myös sitä, että meijeritili meni melkein rehulaskun maksamiseen osuuskauppaan. Kyllä se oli jatkuvaa vekselien pyörittämistä. Jotenkin sitä vain aina toimeen tultiin. Aina täytyi yrittää jotain sivuhommaa. Oli meillä kuorma-autokin kolmen asutustilallisen yhteisenä. Omaa henkilöautoa ei meillä koskaan ole ollut. Pojilla kyllä oli, kun he aikuistuivat. Niillä oli verstaskin tässä ennen kuin lähtivät maailmalle. Postiauto täältä kulki, jolla pääsi niin Perhoon kuin Kinnu-laankin. Vieläkin liikkuu linja-auto, mutta sen aikataulut eivät sovi asioiden hoitamiseen.

Lehmät pantiin 1970-luvun lopulla pois, kun pojat eivät ruvenneet jatkamaan maanviljelystä ja meidänkin terveys heikkeni. V. 1980 tehtiin peltojen metsityssopimus ja jäätiin luopumiseläkkeelle. Silloin oikeastaan nähtiin ensi kerran rahaa, kun ruvettiin saamaan eläkettä. Omasta metsästä on saatu polttopuut ja pieneltä kasvimaalta saadaan ruoan lisää marjoista, perunoista ja kasviksista. Terveys on huonontunut, mutta niin kauan täällä asutaan kuin suinkin pystytään. Tämä on kuitenkin koti, joka on itse rakennettu."

Leevi ja Vieno Pöytäsaari

Leevi on syntynyt Vetelin Kalliojärvellä 9.2.1923 ja Vieno Perhossa 13.7.1922. Kihloihin he menivät   Leevin ollessa vielä toipilaana haavoittumisestaan 22. päivänä joulukuuta 1944 ja naimisiin toukokuussa 1945. Myös Leevi Pöytäsaari on sotainvalidi, joka on kärsinyt vammastaan koko sodan jälkeisen ikänsä, koska jalassa on sirpaleita, mutta invaliditeetti on vain 15, joten hän ei ole päässyt juuri mistään etuuksista osalliseksi.

Jonkun kerran hän on käynyt tutkimuksissa, mutta lausunnoissa on todettu, että vammassa ei ole tapahtunut muutosta. Eikä hän kertomansa

Vieno ja Leevi Pöytäsaari nuorena kihlaparina Leevin ollessa toipilaslomalla joulun alla 1944. Kuva: Erkki Kujalan kirjasta, Veljeyden tie, s. 98.

mukaan ole sitten enempää asiasta valittanutkaan. Mutta nyt keväällä 2007 sotainvalidipiirin toiminnanjohtaja hommasi hänet erikois-lääkärille, kun kunto on mennyt niin huonoksi, että jalat eivät enää kanna. Tätä kirjoitettaessa hän odottaa toiveikkaana prosentin nousua ja etuisuuksien piiriin pääsyä.

Leevi Pöytäsaari joutui sotaan lyhyen koulutuksen jälkeen 19-vuotiaana Syvärille. Siellä hän oli taisteluissa konepistoolimiehenä koko jatkosodan ajan ja toteaa tehneensä paljon tuhoa konepistoolillaan. Hän haavoittui jalkoihin kesäkuun kovissa taisteluissa 29.6.1944. Hän kuntoutui sairaaloissa kuitenkin niin paljon, että joutui mukaan Lapin sotaan. Siellä hän haavoittui Oulastunturilla 29.10.1944, minkä johdosta hänet tuotiin sairaalaan ensin Pietarsaareen ja sieltä Turkuun. Toipilaslomalla he kihlautuivat Vienon kanssa. Loppulausunnon hän sai sotilassairaalasta 15.1.1945.

Sodanjälkeiset vuodet kuluivat erilaisissa maa-, metsä- ja rakennus-töissä. Pariskunnalle ehti syntyä kaksi poikaakin, ennen kuin elämänkulku johti heidät asutustilallisiksi Mökälään. Leevi raivasi tontin ja rakensi asuntosaunan muiden samaan aikaan korpeen tulleiden tavoin talvella 1949. Hän teki hirsistä myös pienen kotuksen lehmää varten.

Vieno muistelee, että 25.8.1949 oli se päivä, jolloin koko perhe varsinaisesti muutti uudelle asuinpaikalle. Tietä ei ollut. Sukulaiset olivat auttamassa. Lapset kannettiin kontissa ja eräs naapurin emäntä talutti perintölehmän Salamajärveltä pitkin metsiä. Välillä metsä oli niin tiheä, että lehmä ei sopinut puiden välistä, vaan puita oli kaadettava, että lehmä sopi kulkemaan. Perille kuitenkin tultiin ja siitä elämä alkoi.

Näin Leevi ja Vieno muistelevat:

"Talon rakentaminen aloitettiin siinä samalla, kun asuttiin asunto-saunassa. Samalla raivattiin peltoa, osin kuokalla ja myöhemmin tuli Pellonraivauksen gatepillari apuun. Talo valmistui v. 1951. Samana vuonna syntyi kolmas poika. Myöhemmin syntyi vielä kaksi tytärtä.

Pian kylä kasvoi niin, että oli saatava koulu. Kunta järjesti meidän taloon supistetun yksiopettajaisen koulun, jossa pidettiin ensin syksyllä ala-luokkalaisille muutama viikko omaa koulua ja sen jälkeen aloitettiin isommille lapsille yläkoulu. Sitä pidettiin talvikausi ja keväällä taas pidettiin muutama viikko alakoulua.

Kyllä se sopeutumista vaati, kun oppilaita oli parhaimmillaan 65. Opettaja asui meidän yläkerrassa ja lisäksi oli kortteerimiehiä. Koulukeittola oli meidän keittiössä. Ensin oli vieras keittäjä, mutta hänen selkänsä kipeydyttyä Vieno rupesi vielä keittäjäksikin. Vaikka oli kiirettä ja koulun takia ahdas-takin, niin oli ihanaa, että oli oma koti.

Peltoa raivattiin kaikkiaan 14 hehtaaria. Navettarakennus tehtiin kalustosuojineen 30 metriä pitkäksi. Eli siinä olisi ollut tilaa isompaakin toimintaa varten. Ei siihen täällä kuitenkaan silloin oikein ollut mahdollisuuksia. Halla vei aina viljan. Parhaimmillaan meillä oli viisi lehmää. Lisäksi oli mullikoita, sikoja ja lampaita. Meille hankittiin kylän ensimmäinen traktori Zetor 25K kesällä 1953.

Eihän se maatalouden tulo isoa ollut, mutta meille tuli metsää sen verran paljon, että puun myynnistä saatiin lisätuloa. Poikien aikuistuttua he innostuivat konehommista ja metsätöistä. Niissä töissä tässä toimittiinkin perheyrityksenä pitkän aikaa. Aikanaan lapset lähtivät maailmalle, mutta yhteistä konehommaa pojilla on vieläkin ja vanhin pojista, joka nykyään omistaa tilan, asuu tässä meidän tukena vieläkin. Terveys meillä molemmilla on huono, mutta kun on itse pokasahalla ja kirveellä rakennettu talo, niin ei tästä mihinkään lähdetä."

Ajan oloon maatiloille saatiin avuksi koneitakin ja työnteko vähän helpottui. Kuva: Pro Agrian arkisto.

Anne Saariketun artikkeli Keskipohjanmaa-lehdessä 4.12.2017, julkaistaan päätoimittaja Tiina Ojutkankaan luvalla.

Vapautta ja äärimmäisiä velvoitteita

Nevala ja Peltoniemi olivat Mökälän asutustiloja, joilla sodanjälkeinen arki raivattiin perholaiseen erämaahan

Lokakuinen päivä on syksyisimmillään, kun kokkolalainen Heikki Saarikettu pysäköi autonsa Nevalan talon pihalle Perhon Mökälässä. Kuski ja vänkärin paikalla istuva Esa Saarikettu astuvat ulos autosta ja suuntaavat kulkunsa puskettuneelta pihalta takaisin Mökäläntielle, jonka tuntumassa veljesten muutamia vuosia kylmillään ollut lapsuudenkoti sijaitsee.

Keskellä soratietä kaksikko kohtaa pitkästä aikaa kaksi lapsuudentoveriaan, Marjatta Tillgrenin ja Inkeri Pekkarisen. Kinnulassa asuvat siskokset ovat saapuneet Mökälään vastakkaisesta suunnasta kuin Perhon kirkonkylän kautta tulleet Saariketun veljekset.

Kättelyt ja halaukset kiteyttävät siteen, joka juontaa lapsuuden yhteisistä kokemuksista ja muistoista.

Tällä kertaa suru ei sävytä tilannetta erityisen voimakkaasti toisin kuin lähes kymmenen vuotta sitten. Edellisen kerran nelikko tapasi toisensa loppusyksystä 2008 veljesten äidin Rauha Saariketun hautajaisissa Perhossa.

Rauha ja Heimo Saarikettu (1924–2008 ja 1922–2013) lukeutuivat ensim-mäisiin ja myös viimeisiin alkuperäisiin Mökälän asutustilallisiin.

Sodan jälkeen rauhan tyyssijaan, keskelle perholaista erämaata, tulevaisuutta raivasi kaiken kaikkiaan parisenkymmentä veteraania perheineen: myös Marjatta Tillgrenin ja Inkeri Pekkarisen vanhemmat Edit ja Armas Peltoniemi (1920–1999 ja 1917–1996) .

Niin Saariketut kuin Peltoniemetkin olivat avioituneet sota-aikana. Kun rauha vihdoin koitti, molemmat pariskunnat ryhtyivät perustamaan perhettä Kaustisella.

Saariketun perheeseen syntyi Heikki-poika 1945, Esa vuotta myöhemmin. Peltoniemien esikoinen Reijo syntyi 1944, Raimo 1946 ja Marjatta 1947.

Saariketun ja Peltoniemen asutustilojen lapset kohtaavat entisillä tutuilla paikoilla. Esa Saarikettu (vas.), Marjatta Tillgren (os. Peltoniemi), Inkeri Pekkarinen (os. Peltoniemi) ja Heikki Saarikettu. Kuva: Esko Keski-Vähälä.

Perheen kasvaessa kasvoi myös oman tilan kaipuu, samoin huoli toimeentulosta.

Saariketut yrittivät ratkaista asioita muuttamalla ensin Harjavaltaan, missä Heimo työskenteli hetken kaivoksella. Asuntopula seudulla osoittautui kuitenkin vieläkin pahemmaksi kuin Keski-Pohjanmaalla.

Myös Peltoniemet kulkivat laajasti töiden perässä ja asuivat erilaisissa vuokra-huoneissa. Vakavasti pariskunta mietti myös Kokkolaan muuttoa. "Meillä olis ollut talonmiehen paikka Kokkolassa, mutta siihen aikaan ei vielä muutettu kaupunkeihin, niin meidänkin lähtö jäi, kun sukulaiset peljätti, että siellä kuolette nälkään", Edit Peltoniemi on merkinnyt muistiin.

Lopulta niin Saariketut kuin Peltoniemetkin arvioivat parhaaksi ratkaisuksi muuttaa Perhon Mökälään. He valitsivat asutustilallisen ammatin, kuten Edit Peltoniemi kiteyttää muistiinpanoissaan.

"Kun oli sen sota-ajan kurjuuden nähnyt, niin sitä ajatteli, että kun saa omaa maata ja asunnon, niin sen ilomielin otti vastaan. Kyllä maatalous-neuvontaa sai, viljelyssuunnitelma tehtiin asutusneuvojan kanssa."

91

Ilmaista mikään ei ollut eikä tavoitteisiin yletty ilman erityisen kovaa raatamista.

Jälkeenpäin on ymmärretty, että Mökälän asuttaminen pienviljelystiloin oli epäonnistunut päätös. Alue oli liian soista sekä hallanarkaa ja pitkään routaista, minkä vuoksi sato paleltui herkästi.

Nevat, jotka ojitettiin lapioimalla ja muokattiin pelloiksi auroilla, eivät koskaan tuottaneet viljaa eivätkä oikein heinääkään, joten edellytykset pienviljelykseen ja karjanhoitoon perustuvalle omavaraistaloudelle olivat olemattomia. Myös hyötypuutarhojen hoito oli työlästä: multakin peittämään kivistä maaperää oli haettava kilometrien päästä.

"Metsän myynnillä oli elettävä, ja viranomaiset valvoivat sitä tarkasti. Varsinkaan alkuvuosina muuta ei ollut myytäväksi, päin vastoin kaikki oli ostettava ihmisille ja eläimille", Edit Peltoniemi kirjoittaa.

1940-luvun puolivälissä Mökälä oli pelkkää metsää ja suota. Valtion omistama maa sijoittui 30 kilometrin päähän Perhon kirkonkylältä. Kinnulaan matkaa kertyi 14 kilometriä.

Tuolloin tiettömässä erämaassa sijaitsi lähinnä kourallinen valtion palveluksessa olleiden metsänvartijoiden asumuksia, kuten Haasiosalmen ja Polvilammin tilat.

Vuonna 1945 maassamme säädettiin maanhankintalaki, jolla lohkottiin valtion maille yli 100 000 asutustilaa rintamiesten, kaatuneiden omaisten sekä evakkojen tarpeisiin.

Mökälästä valtio myi tiloja etenkin muille kuin perholaisille rintamamiehille perheineen: kaustislaisten lisäksi myös vetelliäisille, lestijärveläisille ja ullavalaisille.

Heidän osansa oli luoda puitteet arjelle niin sanotulla kylmällä tilalla, jolta oli raivattava ensin puusto ennen kuin päästiin rakentamaan taloa ja tekemään peltoja.

Jokainen perhe osti itselleen metsämaata keskimäärin 200 hehtaaria, josta valtion kanssa tehty sopimus velvoitti muokkaamaan kymmenkunta hehtaaria pelloiksi 10–15 vuoden kuluessa.

"Peltoa tehtiin 7,4 hehtaaria. Loppu jätettiin raivaamatta, kun herrat kävivät tarkistamassa ja antoivat lausunnon, että alue on vahvasti rahkasammaleen peittämää ja reuna-alueet matalasti kivikkoiseen maaperään soistuneita, joiden pelloksi raivaamista on pidettävä taloudellisesti kannattamattomana", Edit Peltoniemi kirjoittaa.

Kauppahinta oli tuohon aikaan huokea ja sille määriteltiin pitkiä, jopa 30 vuoden maksuaikoja. Maksuja valtio kevensi pienillä perustamis- ja raivauspalkkioilla. Myös lykkäyksiä myönnettiin, samoin huojennuksia muun muassa lapsilukuperusteisesti eli sodanjälkeisin väestöpoliittisin syin.

Esimerkiksi Peltoniemet saivat lunastettua tilan itselleen vuoden 1961 lopussa.

Lopulta valtio vapautti raivaajat, jotka yhä asuivat tilojaan, maksuvelvollisuudesta.

Heimo Saarikettu tutki alueen maastokarttoja kahvilassa Vetelissä ja kaavaili elämää Nielujärven rannassa. Paikka osoittautui kuitenkin liian alavaksi, tulva-alttiiksi. Siksi talo rakennettiin etäämmälle järvestä.

"Tila hankittiin hallintasopimuksella 1.2.1949. Paikkakunnan valinnassa ei juuri ollut valinnan varaa, koska lähempää ei ollut tiloja

Muistot ovat jäljellä. Esa Saarikettu tutkii printattua valokuvaa. Kuva: Esko Keski-Vähälä.

saatavissa. Tilan valinta tapahtui aivan summassa. Isäntä soitti asukkaan-
ottolautakuntaan ja sieltä vastattiin, mitä tiloja vielä on nimeämättä. Niin hän
sitten vain sanoi, että MÖ6 on meidän", on puolestaan Edit Peltoniemi
kirjannut ylös.

"Isäntä lähti sitten eräänä kylmänä talvipäivänä Perhoon ja sinne tuli
Kokkolasta asutustoiminnan johtaja. Perhon kirkolta mentiin kuorma-
autolla Salamajärvelle asti, matkaa sinne oli 20 kilometriä ja sieltä vielä
9–10 kilometriä suksilla Mökälään. Kokoontumispaikkana oli vanha
Pajukon talo. Siellä annettiin lähempiä neuvoja ja missäpäin paikka
sijaitsee, paperille pyykkien numerot, joiden perusteella voi etsiä omaa
tilaansa."

"Kyllä siellä tuli mieleen, että täällä voi tulla vaikka karhuja vastaan,
kun synkkää korpea hiihteli ristiin rastiin", muistiinmerkitsijä jatkaa.

Ensimmäisenä Mökälän tilalliset raivasivat pokasaha, justeeri ja kirves
apunaan kotipihan puuston ja rakensivat sen perälle niin sanotun pikku-
tuvan, asuntosaunan.

Nevalassa toimeen tarttui Heimo-isäntä. Talkooavuksi tulivat Rauha-
puolison veljet Vetelistä.

Kun pieni rakennus oli valmis, koko perhe asutti sen.

– Olin muutaman vuoden ikäinen, kun kävelimme tänne, Esa
Saarikettu muistelee.

Pienen pojan mieleen matka on jäänyt, niin Esan kuin Heikinkin.

Tuolloin tie päättyi Salamajärvelle, mistä matka jatkui veneellä
Pitkään-lahteen. Sieltä nelihenkinen lapsiperhe mukanaan myös muita
kantamuksia, vähäistä omaisuutta, käveli vielä lähes kymmenen
kilometriä vetisiä ja kivisiä polkuja ja pitkoksia pitkin Mökälään.

Samaa reittiä kuljettiin aluksi ruokaostoksilla ja muilla asioilla
Salama-järvelle. Myöhemmin valtio ryhtyi tekemään tietä Kinnulasta
Mökälän kautta Salamajärvelle. Koska Kinnulan osuus valmistui ensin,
asiointi sinne suuntaan lisääntyi.

Peltoniemet saapuivat Mökälään pari vuotta myöhemmin kuin
Saariketut, Kinnulan suunnasta kesäkuussa 1951.

"Kuorma-auton lavalle lastattiin lehmä, heiniä, huonekalut ja kaikki
tavarat mitä oli jo. Isäntä, pojat ja minä nuorimmaisen kanssa ja vielä
kaksi muuta ihmistä auton koppiin. Kinnulan kautta oli tiepohja tehty,
mutta vaivoin pääsi perille. Kuski meinas välillä hermostua, kun auto

Mökälän koulun oppilaita v. 1954. Opettaja Katri Junnila. Kuva:
Peltoniemen perhealbumi.

painui yhden nevan kohdalla pohjaa myöten", Inkeri Pekkarinen lukee
ääneen.

Esa Saarikettu kuuntelee tarkoin Edit Peltoniemen muistiinmerkintöjä:
– Muistan, kun tulitte. Seurasimme teitä Heikin kanssa. Tie ei ollut
kaksinen, hän kommentoi.

Perheen asettuessa Peltoniemeen Edit-äiti oli viimeisillään raskaana.
Inkeri-tytär syntyi heinäkuun lopussa 1951.

– Äiti lähti paria viikkoa ennen laskettua aikaa pitkospuita pitkin
kävellen kilometrien päähän Salamajärvelle. Sieltä hän ajoi taksilla
Kaustiselle odottamaan synnytyksen alkamista. Inkeri syntyi sairaalassa
Vetelissä, Marjatta-sisar kertoo.

Myös Peltoniemen kuopus, vuonna 1960 syntynyt Ari, näki päivän-
valon sairaalassa Vetelissä.

Sen sijaan Saarikettujen kuopus, Lasse, on syntynyt Mökälän
Nevalassa. Synnytyksessä Rauha-äitiä avusti Edit Peltoniemen paikalle

95

hakema naapuri. Kätilö, jota Heimo Saarikettu lähti hakemaan Kinnulasta, ei ehtinyt ajoissa paikalle.

Asuntosaunan valmistuttua keskityttiin pienen navetan sekä rintamamiestalon rakentamiseen tyyppipiirustusten mukaan.

"Kyllä sekin oli hankala homma saada sinne sirkkeli, kesti kaksi päivää tuoda hevosilla niitä vehkeitä kahden kilometrin päästä keväällä, nevojen ja kivisten kankaiden yli kahdella hevosella niitä vedätettiin", Edit Peltoniemi kirjoittaa.

Taloista tehtiin puolitoistakerroksisia. Alakerrassa sijaitsivat tupa, kaksi kamaria ja pieni keittiö, vintille tehtiin makuuhuone. Kotia lämmitettiin hellan, takan ja kakluuneiden avulla. Vesi otettiin kaivoista, sähköt kylälle saatiin 1950-luvun puolivälissä. Puhelimet yleistyivät 60-luvulla.

Koska yhteisön haasteet ja tavoitteet olivat samat, asutustilalliset auttoivat paljon toisiaan. Myös yhteisiä työvälineitä hankittiin, kuten katepillari ja kuorma-auto. Maamiesseura rakensi yhteisen kuivaajan.

Yhteisöä auttoivat myös muualla asuvat sukulaiset ja tuttavat. Asioita ratkaistiin oman perheen ja yhteisön hyväksi myös kekseliäisyydellä.

Yhteishenkeä vaalittiin senkin jälkeen, kun talot oli saatu rakennettua vuoteen 1952 mennessä. Se auttoi jaksamaan yksinäisyyden ja erillisyyden tunteita alueella, jossa tilat olivat poikkeuksellisen hajallaan ja kaukana toisistaan, myös Perhon muusta asutuksesta.

"Kyläiltiin kyllä ahkeraan silloin, käytiin semmoisissakin taloissa, joita ei oltu ennen tunnettu, mutta siellä tuntui niin kuin kaikki olis ollut sukua toisilleen."

Koulunkäynti alkoi syksyllä 1951 Korven talon alakerrassa, missä opiskeli enimmillään kymmeniä mökäläläislapsia. Niin sanotun neljän tien risteyksen tuntumaan keskittyivät aikanaan koulun ja kuivaajan lisäksi Ronkaisen kauppa ja tanssilavakin.

Pidettiin kesäjuhlia ja urheilukilpailuja, talvisin tupailtoja, Jängällä oli työväentalokin. Nuoriso ja aikuiset, Rauhakin, ajelivat mopoilla, autojakin hankittiin. Myymäläauto alkoi kulkea, samoin linja-autot.

Lapsesta Mökälä tuntui lämminhenkiseltä paikalta. Siinä iässä Mökälässä oli oikea koti ja henki. Ikävä on tietyllä lailla: sydänmailla oltiin, parhaassa paikassa, Marjatta Tillgren kokee.

– Arvostus vanhempia kohtaan on Mökälän-perintöä. Sitä osaa kunnioittaa kaikkea heidän tekemäänsä työtä ja monitaitoisuuttaan. He olivat vähään tyytyväisiä, vaatimattomia, sillä rahaa ei ollut kellään, Inkeri Pekkarinen jatkaa.

Aikuistuneen toisen polven elämässä Mökälän aika vaikuttaa yhä monin tavoin. Nevalan pihapajassa viihtyneestä Heikki Saariketusta kehkeytyi taitava ja monipuolinen erilaiset koneet hallitseva ammattilainen. Esa-veli on hankkinut elantonsa rakennustyömailta. Omaa taloaan hän on halunnut lämmittää aina puilla.

Marjatta Tillgrenin ensimmäinen työpaikka oli myymäläautossa. Kaupan alalla hän työskenteli sittemmin 40 vuotta. Niin hänelle kuin Inkeri-sisarelle luonnossa liikkuminen on ollut aina tärkeää.

– Sienestys, marjastus, metsälintujen tuntemus... Opit on saatu Mökälästä, Inkeri Pekkarinen tiivistää.

Aikansa kuitenkin kutakin, siltä vaikuttaa.

Mökälän yhteisö alkoi kuihtua jo 60-luvun mittaan. Toimeentulo oli liian vaikeaa. Monet myivät tilansa takaisin valtiolle tai yksityisille ja muuttivat muualle.

Peltoniemessä ratkaisun sinetöi isännän sydänsairaus, minkä vuoksi häneltä kiellettiin 70-luvun alussa työnteko.

"Niin sitä sitten jouduttiin harkitsemaan peltojen paketoimista, koska vanhimmat lapset olivat avioituneet ja muuttaneet pois kotoa", Edit Peltoniemi kirjoittaa.

Pariskunta päätti palata Kaustiselle ja alkoi rakentaa sinne omakotitaloa vuonna 1973.

"Kyllä se pahalta tuntui, kun yli 20 vuotta siellä oli asuttu ja niin kovan työn kautta saatu pellot kasvamaan ja muutenkin sinne kotiuduttu. Isännän sairaus oli kuitenkin sitä luokkaa, ja kun lähimpään sairaalaan oli matkaa 75 kilometriä, niin ajateltiin, että on parempi, kun rakennetaan lähemmäksi palveluja ja muita ihmisiä", Edit Peltoniemi kirjoittaa.

"Kyllä me jouduttiin lähteä pois kotoa, kun viimeisiä elukoita Itikan auto tuli hakemaan, niin pahalta se tuntui, kun kaikki toiminta loppui kerralla", hän päättää muistiinpanonsa.

Saariketut sen sijaan jäivät, vaikka etenkin isäntä haaveili jossain vaiheessa poismuutosta.

Ratkaisevaa jäämiselle lienee ollut myös niin sanottu peltojen paketointi, joka helpotti toimeentuloa Mökälän oloissa.

Vuonna 1969 tuli voimaan pellonvarauslaki, jolla tähdättiin maatalouden ylituotannon leikkaamiseen.

Lain perusteella maatilan omistajalla oli mahdollisuus tehdä valtion kanssa pellonvaraussopimus, jolla hän sitoutui jättämään pellot viljelemättä. Vastineeksi omistaja sai sopimusaikana rahallisen korvauksen, joka maksettiin neljännesvuosittain. Sopimus oli tehtävä tilan koko peltoalasta, kolmeksi vuodeksi kerrallaan.

Tilanomistajalla oli myös mahdollisuus metsittää sopimukseen kuuluva peltoala, jolloin hän sai lisäkorvauksen. Metsitys nosti pellonvaraussopimuksen kestoajan 15 vuodeksi.

Tänä päivänä Peltoniemen toinen sukupolvi omistaa yhä Mökälän-tilan. Saariketut ovat myyneet metsät, kotitalo on yhä Heikin ja Lassen omis-tuksessa.

Entä voisiko Mökälän yhteisö muodostua joskus uudelleen?

Yhteisön toinen sukupolvi eivätkä monet muutkaan siihen usko. Vaikka nykyaika on nykyaikaa laitteineen, koneineen ja tietoliikennemahdollisuuksineen, elämisen edellytykset alueella arvioidaan edelleen liian vaativiksi.

Aika näyttää, miten käy. Varmaa on, että Mökälä on yhä puhtaan luonnon ja sen kauneuden, rauhankin tyyssija.

Kylätie on hiljainen. Kuva: Heikki Salmi.

98

Anita Salmi
Mökälän kehitys on osa Suomen maaseudun historiaa ja nykyisyyttä

Mökälän kylässä oli enimmillään yli 200 asukasta. Siellä olivat myös palvelut, joita tuon ajan maaseutukylissä yleensä oli. Kylä syntyi kuitenkin aikaan, jolloin rakennemuutos oli meneillään.

Jo 1900-luvun alussa alkanut kehitys maaseudulla nopeutui sotien jälkeen. Se ei enää aiemmassa määrin tarjonnut työtä asukkailleen. Mökälän kylä muotoutui 1950-luvun taitteen molemmin puolin, mutta sen historia ei jäänyt kovin pitkäksi. Eivät pienet, syrjäiset kylätkään jääneet yleisestä muutoksesta sivuun. Samalla, kun koneellistuminen alkoi helpottaa työtä, tarvittiin siihen vähemmän tekijöitä. Toisaalta lähtökohdat tuloksellisen maa- ja metsätalouden harjoittamiseen olivat kylässä jo alkujaan heikot. Jotenkin sillä tultiin toimeen, mutta ei pidemmän päälle.

Mökälä alkoi tyhjetä jo 1960-luvulla, kun ensimmäiset asutustilalliset muuttivat muualle. Eräs perhe lähti siirtolaisena Amerikkaan saakka. Monet perheet muuttivat lähiseudulle, joko hankkimilleen maatiloille tai lähikaupunkeihin etsimään työtä ja parempaa toimeentuloa. Seuraava polvi lähti usein jo etäämmälle, osa Ruotsiin ja osa Etelä-Suomeen. Tosin lähiseudut olivat edelleen houkutteleva kohde, mikäli työtä löytyi. Muutostahti kiihtyi 1960-luvun lopulla ja 1970-luvulla.

Myös kylän palvelut vähenivät, kauppa lopetti toimintansa. Jonkin aikaa vielä myymäläauto kulki, mutta sekin kävi kannattamattomaksi. Niin oli asioitava Perhon tai Kinnulan kirkonkylällä.

Kylän koulun lakkautettiin vuonna 1965 ja oppilaita alettiin kuljettaa linja-autolla Salamajärven koululle. Sen toiminta on myös sittemmin päättynyt ja koulumatka syrjäkyliltä pidentynyt Perhon kirkonkylälle asti.

Mökälässä asuu entisillä asutustiloilla enää kaksi seuraavan polven edustajaa. Heillä ei ole perhettä. Kahdella muulla tilalla on uudet, perheelliset jo toisen polven omistajat. Jotkut asutustilat ovat vielä lasten omistuksessa ja osa kesämökkeinä. Valtaosa on myyty.

Niin useimmat asutustilat kuin ns. vanhat tilat, jotka kylässä olivat aiemmin, ovat tyhjenneet. Rakennuksia ei ole monilla paikoin enää tai ne

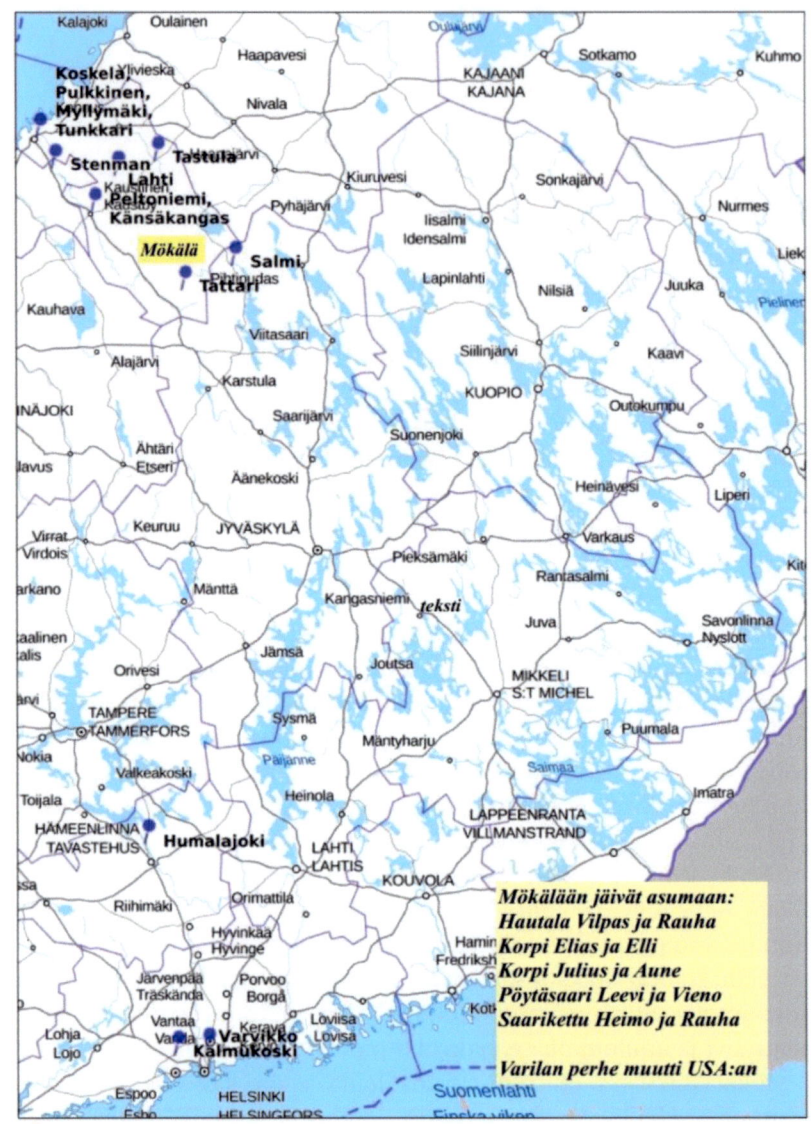

Karttaan on merkitty, mihin Mökälästä muuttaneet perheet ensiksi asettuivat. Suuri osa muutti 1960-luvulla. Muutamia perheitä tai ainakin niiden vanhemmat jäivät kylään edelleen. Grafiikka: Olavi Salmi.

100

ovat tyhjillään ja pitkään kunnostamattomina lahoamassa. Pellot ovat puskittuneet ja luonto on vallannut entisten asutustilojen pihapiirin.

Kylä on palannut tavallaan siihen tilaan, missä se oli ennen asutustilallisia. Tosin silloin ns. vanhoilla tiloilla oli kasvavia lapsia ja elämää. Sydänmaata se kuitenkin oli ja tiettömän taipaleen takana.

Nyt Mökälän läpi johtaa vielä maantie, mutta se on jo vuosikymmenien ajan vienyt nuorta, kasvavaa polvea pois. Kylässä ei ole ollut tulevaisuuden mahdollisuuksia.

Kehitys on ollut samanlainen muuallakin suomalaisella maaseudulla. Suuret rakennemuutokset, teollistuminen ja koneellistuminen ovat vieneet asutusta keskuksiin, kun maaseutu ei ole enää elantoa tarjonnut.

Suomessa 1990-luvulla alkanut ja yhä voimistuva keskittymiskehitys vie väkeä isompiin taajamiin ja yliopistokeskuksiin. Väestömäärät maaseudulla pienenevät.

Mökälä tarjosi kuitenkin elämän ja tulevaisuuden mahdollisuuksia jonkin aikaa asutustilallisille ja heidän perheilleen. Asutustilat olivat nuorehkojen parien yhteisyritys, jonka eteen tehtiin yhdessä työtä ja siinä ohessa kasvatettiin lapset, uusi sukupolvi.

Miehet pystyivät, näin ainakin voisi ajatella, purkamaan sodan traumoja omaan maahan ja maa- ja metsätyöhön. Tukena olivat vaimot, jotka tuon ajan naisen roolissaan huolehtivat paitsi navetta- ja taloustöistä myös lapsista ja kodista yleensä.

Monilla paikoin on kovalla vaivalla raivatuille pelloille istutettu puita. Se lienee parempi vaihtoehto kuin puskittuminen. Kuva: Anita Salmi.

Karttaan on merkitty tiedossa olevat Mökälästä lähteneet
toisen polvenmuuttajat. Grafiikka: Olavi Salmi

Arki pientiloilla oli monesti raskasta ja uuvuttavaa, mutta mahtui
elämään kuitenkin myös juhlaa ja ilon hetkiä, enemmän tai vähemmän.
Vanhemmat saivat lapsensa kasvatettua ja pystyivät luomaan heille eväät
elämään. Useimmilla lähtökohdat eivät olleet kovin vauraat, oman polun
he kuitenkin löysivät.

102

Elämä syrjäisellä maaseudulla, vaikeissa oloissa, loi osaltaan lapsiinkin sitkeyttä ja yritteliäisyyttä. Opittiin pienestä saakka tekemään erilaisia töitä eikä helpolla annettu periksi. Niitä eväitä pystyttiin soveltamaan sitten, kun piti alkaa pärjätä omillaan.

Elämä asutustiloilla oli toisaalta sikäli tasa-arvoista, että kenelläkään se ei juuri ollut toista helpompaa. Osattiin ymmärtää muiden vaikeuksia ja mahdollisuuksien mukaan pyrittiin auttamaan, kun toinen apua tarvitsi. Yhteisöllisyyttä löytyi.

Joskus kuulee sanottavan, että asutustilojen emänniltä ja isänniltä meni paras ikä hukkaan uurastaessa keskellä korpea elannon hankkimisessa itselle ja lapsille. Menikö se hukkaan, kun saatiin katto pään päälle, ruokaa ja vaatteita. Ei mitään luksusta, mutta välttämättömin pystyttiin jotenkin hankkimaan.

Itse en osaa ajatella, että vanhempieni tai muidenkaan kylässä olleiden asutustilallisten työ olisi mennyt hukkaan. Perheensä elannon eteen ja Suomen jälleenrakennuksen hyväksi he tekivät työtä siinä kuin joku muukin ja oloissa, jotka olivat vaikeusasteeltaan sellaiset, että emme sitä ehkä edes tajua. Moni ei olisi tuollaisiin oloihin lähtenyt. Vaihtoehtoja näillä korpien raivaajilla ei kuitenkaan juuri ollut.

Hyvinvointivaltion rakentuminen toi tälle raivaajasukupolvelle myös hieman paremmat elämän ehdot ja he saivat elää vanhuutensa suhteellisen turvattua elämää. Monet ylsivät myös korkeaan ikään yli 80- ja jopa 90-vuotiaiksi. Raskas työ ei heitä ollut lannistanut, koska siihen oli usein jo lapsuudesta saakka totuttu.

Perhon Mökälä on tällä hetkellä osa EU-Suomen syrjäisen maaseudun kehitystä. Palvelut keskittyvät kyläkeskuksiin ja isompiin taajamiin. Niiden myötä asukkaat muuttavat pois tai voi olla niinkin, että asukkaiden vähetessä palvelut karsiutuvat. Negatiivista kierrettä on molempiin suuntiin.

Kylää halkova maantie ja siihen yhdistyvä pienempien teiden verkosto palvelee silti yhteiskuntaa yhä. Alueen metsät kasvavat edelleen ja osa puustosta menee metsäteollisuuden tarpeisiin. Metsäkoneet ja puunkuljetus tarvitsevat väylänsä. Maantie palvelee niin ikään henkilöliikennettä ja muuta kauttakulkuliikennettä, vaikka se on vähentynyt.

Mökälä on osa yhteiskuntarakennetta, mutta sen voimavarat eivät ole ihmisissä eivätkä palveluissa vaan luonnonvaroissa. Historiallinen yhteys rannikolle, joka muotoutui terva- ja laivanrakennusteollisuuden aikoina on edelleen voimissaan. Puuvarantoja viedään yhä Pietarsaareen, puunjalostusteollisuuden tarpeisiin.

Asutus on lähes kokonaan väistynyt. Palvelut haetaan Perhon kyläkeskuksesta ja ehkäpä osin kauempaa. Kyläläisten ainoa julkinen palvelu on maantie, joka sinne ensimmäiseksi asutustilallisten muutettua rakennettiin, 1950-luvun alussa.

Mökälän kylän arvo nykyisin on paljolti sen luonnonvaroissa, metsissä ja virkistyskäytössä. Särkisen erämaajärvi on rauhallinen ja kalaisa järvi.
Kuva: Olavi Salmi

Kylien kehitys ja myöhemmin sitä seurannut muutos ja hiljeneminen näkyivät myös byrokratiassa

Rakennustoiminta oli sodan jäl-keen pitkään vilkasta, mutta tarvike- ja rahapula hidastivat rakentamista etenkin niillä tiloilla, joilla ei ollut säästöjä tai metsätuloja käytett-ävänään. Esimerkiksi vuoden 1956 toimintakertomuksessa todetaan, että asutuslauta-kunnat eivät ole saaneet asutus-kassa- ja MAP-varoja lähes-kään kysyntää vastaavasti.

Myös myönnetyt lainaerät ovat olleet yleensä riittämättömiä, vieläpä osa hakijoista on jäänyt kokonaan ilman lainaa. Kertomuksessa todettiin myös, että maaseudulla on edelleen perheitä, jotka asuvat aivan alkeel-lisissa, kylmissä ja vetoisissa raken-nuksissa. Samoin kotieläinsuojia on runsaasti pikaisen uusimisen tar-peessa, korjaustöistä puhumat-takaan.

Varoja ei kuitenkaan raken-tamiseen ja korjaustöihin saada riit-ävästi ja maaltapako jatkuu osittain tästä syystä.

Rakennuksia silti tehtiin niillä keinoilla, joita oli käytettävissä. Asutustoiminnan puitteissa on vuonna 1956 tehty 201 rakennus- ja korjaussuunnitelmaa, joiden yhteinen kustannusarvio on lähes 225 miljoo-naa markkaa. Näistä asuinraken-nuksia on 95, kotieläinrakennuksia 60, talousrakennuksia 34, liike- ja julkisia rakennuksia 9 ja muita 3.

Rakennustoiminta jatkui vilk-kaana vielä pitkälle 1960-luvulla hiljentyen kuitenkin huomatta-vasti.

Erkki Kujala, Maa elää, Pro Agria, Kokkola, juhlajulkaisu, s.151.

Kyntökilpailu Perhon maatalousnäyttelyssä. Kuva: Pro Agria.

Tämä (vas.) oli tärkeä hevosvetoinen työväline ennen. Nyt se on koristeena. Ohessa myös työkaluja, kuokkia, haravoita ja lapio.
Kuvat: Anita Salmi

Tähän kirjan toiseen osioon on koottu asutustilallisten lasten muistoja elämästä Mökälässä, arjesta ja juhlasta, työstä ja harrastuksista. Arki tiloilla oli paljolti samankaltaista kuin suomalaisella maaseudulla yleensä tuohon aikaan.

Osa muistoja on sisarusten yhteisiä ja osassa joku sisaruksista muistelee.

Joillain on muistoja runsaasti. He ovat varttuneet kylässä sen alkuajoista saakka ja muistojen perspektiivi yltää lapsuudesta aikuisuuteen

Olavi Salmi
Koulu kiinnosti, työhön tartuttiin

Täytin 7 vuotta samana vuonna, kun muutimme Mökälään ja minun olisi pitänyt syksyllä mennä kouluun. Kun Mökälässä ei kuitenkaan ollut koulua, niin aloitin oman koulu-urakkani syksyllä 1949 Kinnulan Kangaskylän koulussa, jossa vanhempi sisareni, Oili, oli aloittanut koulunsa jo kaksi vuotta aiemmin ja meni syksyllä jo kolmannelle luokalle. Oili asui koko kouluvuoden Kangaskylällä mummomme luona, mutta minun kohdallani asia ratkaistiin, niin, että olin koulussa syksyllä muutaman viikon ja sitten loppuajan kotiopetuksessa.

Osasin lukea ja kirjoittaa jo ennen kouluun menoa, mikä varmaan vaikutti siihen, että opettaja, Kerttu Mielonen, ehdotti tällaista järjestelyä. Tein kotona erilaisia koulutehtäviä vihkoon ja vanhemmat kävivät kauppareisuillaan näyttämässä niitä opettajalle. Keväällä olin taas muutaman viikon koulussa ja pääsin serkkuni kanssa laulamaan äitienpäiväjuhlassa.

En muista, mitkä syyt vaikuttivat siihen, että lukuvuonna 1950-1951 emme enää menneet Kinnulan kouluun. Kun Mökälässä ei vielä ollut omaa koulua, niin se vuosi jäi meiltä ja ainakin lähinaapureittemme lapsilta väliin.

Minun ikäluokkani lapsille ei jatko-opiskelumahdollisuuksia juuri ollut. Oppikoulut olivat niin kaukana, että niihin meno olisi edellyttänyt muutta-mista kauaksi kotoa. Yleinen ajattelutapakin oli sellainen, että kunhan kansakoulu käydään loppuun niin sen jälkeen töihin.

Kun kunnallinen keskikoulu alkoi 1950-luvun loppupuolella Perhossa, niin Mökälän lapsillekin avautuivat paremmat mahdollisuudet päästä oppi-kouluun. Useimmilla se taisi jäädä keskikouluun. Lukioon ei monikaan lähtenyt.

Mökälän koulu aloitti toiminnan Leevi ja Vieno Pöytäsaaren talossa syksyllä 1951. Opettajana oli Kai Iivari Rafael Alijoki, jolla ei ollut muodollista pätevyyttä, mutta hän hoiti työnsä ihan hyvin. (Jostain syystä hän kertoi meille kaikki etunimensä). Alijoella oli tapana kertoa, kuinka hänen koulussaan Helsingissä oli ollut niin ankara kuri, että jos oppilas myöhästyi vähänkään, tätä ei laskettu sisälle ja päivä merkittiin poissaoloksi.

Hänellä oli sen aikaisiin maalaisoloihin harvinainen koira - cocker-spaniel - nimeltään Ali. Jotkut pojat väänsivät nimen Kaiksi, mutta opettaja otti sen ihan rauhallisesti.

Tästä ensimmäisestä vuodesta muistan, että joulujuhlassa luin "Kirjeen joulupukille" ja sain siitä myönteistä palautetta. Muutenkin Alijoki kiitteli minua kovasti ja puhutteli "pikku professoriksi". Luokkakaverit, ihme kyllä, eivät ottaneet minua silmätikukseen.

Vaikka kaikki alaluokkien oppilaat olivat hyväkäytöksisiä, yksi kolmas-luokkalainen poika oli opetellut jo tupakoimaan, ja sitä hän teki välitun-neillakin. Kukaan ei kuitenkaan kertonut siitä opettajalle.

Keväällä tehtiin retki muistaakseni Nielujärven rantaan ja siellä paistettiin makkaraa nuotiolla. Talvella oli hiihtokilpailut, mutta osallistumispakkoa ei ollut. En muista oliko Alijoen aikana opintokerhoa, mutta ruotsin alkeita hän opetti yläkoululaisille.

Mökälän koulun poikia v. 1955. Kuvassa myös Esa Korpi, joka ei vielä ollut koulussa. Se toimi hänen kotitalossaan. Kuva: Olavi Salmen albumi.

110

Tyttöjen käsitöitä opetti Katri Orava. Terveystarkastuksen kävi tekemässä terveyssisar Martta Koivukoski. Taisi hän rokottaakin. Sitä en ihan varmasti muista.

Vuoden 1952 syksyllä koulu alkoi vielä Pöytäsaaren talossa. Opettajana oli Pentti Granander, nuori ylioppilas, jolla oli jonkin verran vaikeuksia pitää kuria yläluokan pojille ja tytöille, jotka alkoivat jo lähennellä aikuisuutta. Alaluokkien kanssa hänellä ei ongelmia ollut

Kerran Granander tuli meille ja kysyi, saako hän venettä lainaksi, kun hän oli menossa erään oppilaan kotiin, jonne teiden kautta olisi tullut matkaa lähes kymmenen kilometriä. Vene luvattiin, mutta äiti kysyi, osaako opettaja soutaa. Hän kertoi olevansa kotoisin Saimaan saaresta ja joutuneensa soutamaan pikkupojasta alkaen.

Kevätlukukaudella koulu oli jo siirtynyt Julius ja Aune Korven taloon Hirvikankaaseen. Koulumatka jatkui huomattavasti meille, jotka asuimme Kinnulan rajan tuntumassa. Koululla oli jo keittäjä/siivoja, 17 -vuotias Kaisa Sääksjärvi, ja saimme koulun puolesta lämpimän ruoan.

Granander ei muistaakseni pitänyt mitään kerhoja. Joulujuhla ja äitienpäiväjuhla pidettiin kuitenkin. Granander oli opettajana vain yhden vuoden ja lähti sitten opiskelemaan opettajaksi. Hän oli myöhemmin opettajana niin ikään asutustiloista muodostuneella kylällä Pudasjärvellä. Muutama vuosi sitten kävin Lahdessa eräässä vanhainkodissa ja huomasin seinällä ison öljyvärityön, jonka tekijä oli Pentti Granander. En kuitenkaan tullut ottaneeksi selvää, miten taulu oli Lahteen päätynyt.

Syksyllä 1953 opettajaksi tuli Katri Junnila, joka sai järjestyksen palaamaan yläluokillekin. Junnila oli käynyt opettajaseminaarin ja oli näin ollen muodollisestikin pätevä opettaja. Hänen aikanaan alkoi koulussa runojen kuorolausunta. Muistan vieläkin lähes kokonaan ulkoa runon "Minä aikana ihminen kaunein on?" Sitä lausuttiin kaikissa juhlissa, joulujuhlassa, äitienpäivänä sekä raittiusjuhlassa.

Läksytkin kuulusteltiin ulkolukuna. Jos takerteli, opettaja sanoi: "Istu alas. Jäät laiskaan." Usein kuitenkin tämä uhkaus päivän mittaan peruuntui. Junnilan aikana alettiin pitää myös kerran kuukaudessa luokan yhteinen tunti, jossa oppilaat saivat esittää omaa osaamistaan sen mukaan kuin halusivat ja joskus vaikka ei niin haluttanutkaan. Samalla opetettiin kokouskäytäntöä, puheenjohtajana ja sihteerinä toimimista jne.

111

Mökälän koulun oppilaita v. 1958. Oikealla aurinkolaseissaan ja turkissaan opettaja Salme Puskala. Kuva: Olavi Salmen albumi.

Hänen aikanaan toimi myös jo koulukirjasto. Syksyllä 1954 opettajaksi tuli omalta kylältä ylioppilas Onerva Siironen.(Pajukon Onerva). Hän opetti Mökälän lapsia kaksi vuotta. Hänen ajastaan muistan sen, että vuoden 1954 joulujuhlassa esitimme Tierna-pojat, jossa sain esittää Herodesta, naapurin poika Matti Varila oli Murjaanien kuningas, veljeni Tapio oli Knihti ja Alpo Lahti esitti Mänkkiä. Raittiusjuhla ja äitienpäiväjuhla pidettiin myös kuten muinakin vuosina.

Oma koulunkäyntini päättyi vuonna 1955, kun olin kolmetoistavuotias. Siitä alkoi työelämä, joka sisälsi kaikenlaisia maa- ja metsätöitä niin kotitilalla kuin myös ns. ansiotöissä metsähallituksen ja puutavara-yhtiöiden palveluksessa. Vuonna 1957 kävin vielä lyhyen jatkokurssin, joka oli edellytys kansakoulun päästötodistuksen saamiselle.

Mökälän koulun äitienpäiväjuhla 1960-luvulla.
Kuva: Olavi Salmen albumi.

Aikuisiällä kävin ensin metsäopiston ja myöhemmin suoritin metsän-
hoitajan tutkinnon Helsingin yliopistossa.

Seuraava opettaja oli syksyllä 1956 aloittanut Laura Tiitto. Hän oli
opettajana vain yhden vuoden. Hänen aikanaan Mökälän koulussa oli
vuoden tauon jälkeen jatkoluokka, jota ei edellisenä vuonna pidetty, kun
oppilaita ei ollut tarpeeksi. Jatkoluokka oli kuitenkin pakollinen, että sai
kansakoulun päästötodistuksen.

Vuoden 1957 syksyllä koulu oli muuttunut kaksiopettajaiseksi.
Opettajina olivat Salme Puskala, luokat 1-3 ja Kaija Holstikko luokat
4-7. Kumpikaan ei ollut muodollisesti pätevä.

Holstikko alkoi pitää kylän nuorille opintokerhoa, jossa opiskeltiin
englannin alkeita kerran viikossa. Innostus ei ollut kovinkaan suurta
kylän nuorten keskuudessa, mutta muutama urhoollinen kävi siellä koko
vuoden ja sieltä saaduilla englannin alkeilla jotkut jatkoivat myöhemmin
opiskeluaan. Yksi kielen opiskelijoista, Matti Varila, muutti sitten pari
vuoden kuluttua Amerikkaan ja pääsi siellä käyttämään oppimaansa.

Vuoden 1958 syksyllä oli taas uudet opettajat. Soile Kuhmonen opetti
alaluokkia ja Martti Luostari yläluokkia. Kumpikaan ei ollut

113

muodollisesti pätevä. Luostari innostui pitämään kylän nuorille opintokerhoa, jossa harjoittelimme näytelmää ja teimme kerholehteä.

Luostarilla oli suunnitelmia, että lähdemme esittämään näytelmää muille kylille ja jopa naapurikuntiin. Näytelmää ei kuitenkaan saatu koskaan esityskuntoon, vaikka sitä aika paljon harjoiteltiin. Kerholehti tehtiin ihan käsin kirjoit-tamalla. Työläästä valmistusmenetelmästä johtuen lehteä ei muistaakseni tehtykään kuin yksi numero.

Seuraavana syksynä 1959 yhteyteni Mökälän kouluun katkesivat, kun nuoremmat sisarukseni alkoivat käydä koulua naapurikylässä, Matkusjoella, johon oli valmistunut uusi koulu.

Maaseutuelämää ja töitä

Maaseudun lapset joutuivat osallistumaan töihin jo nuorena. Aluksi se oli lähinnä erilaista avustamista, työkalujen ojentelua, jyviä pussitettaessa säkin suun pitämistä, heinätöiden aikaan heinien polkemista ja syksyllä perunan kuokkimista, mutta jo 8-9 -vuotiaana piti pilkkoa kaikki polttopuut ja lämmittää aamuisin ennen kouluun lähtöä karjakeittiön padassa navetassa tarvittava vesi ja iltaisin osallistua hevosen ja lehmien ruokintaan.

Monesti lapsi lähetettiin kauppaan, kun aikuisilla oli jotain muuta tekemistä. Silloin, kun omalla kylällä ei ollut vielä kauppaa, pitkä kauppamatka vähän jännittikin. Onneksi usein kauppamatkalle sai kaveriksi jonkun isomman lapsen naapurista tai peräti jonkun aikuisen.

Muistan, kun olimme kerran vanhemman sisareni kanssa hakeneet maitoa isän kotitilalta Haasiosalmesta ja kun kuljimme huonoa kinttupolkua nevan poikki, niin maitohinkki kaatui, ja maito meni maahan. Mehän tietysti peläs-tyimme, ja kun emme muutakaan keksineet, niin lähdimme kiireesti juoksemaan takaisin, ja vähän itkimmekin juostessamme. Polku meni Saarikettujen kautta ja Rauha sattui olemaan ulkona. Hän kysyi: "Mikä hätänä?" Kun kerroimme hänelle asian, niin hän sanoi, että hän voi antaa meille maitoa hinkkimme täyteen. En osaa oikein kuvailla, kuinka helpottuneita olimme. Emme varmaan osanneet edes kunnolla kiittäkään Rauhaa hänen ystävällisyydestään. (Sisareni oli silloin 9 v. ja minä 7 v.)

Myllyssäkin pojat joutuivat käymään melko nuorina. Lähin mylly oli Kinnulan kirkolla. Sinne tein ensikerran myllyreissun 13-vuotiaana. Jyväsäkit vain punnerrettiin rekeen ja toivottiin, että mylläri auttaa siellä toisessa päässä. Matkalla kävi niin, että eräästä talosta tuli isäntä hevosineen lähtien samaan suuntaan. Isäntä halusi varmaan näyttää, kuinka hänen hevosensa juoksee ja ajoi täyttä ravia ohitsemme. No minun hevoseni tietysti siitä innostui ja lähti perään.

Siitä tulikin ihan kilpa-ajo. Menimme Niemenkylän läpi hurjaa vauhtia ja jossain vaiheessa pääsin hevosineni ohi kilpakumppanista, joka sitten luovutti. Loppumatka sujui rauhallisesti. Itse myllyssä kaikki meni hyvin. Paikalla olleet miehet vain ihmettelivät vähäistä ikääni ja hyvää hevostani.

Asutustilallisen poikana jouduin osallistumaan myös pellon kuokkimiseen ja ojien kaivuun sekä olemaan mukana talon ja navetan rakennustöissä. Talvisin olivat vuorossa metsätyöt. Ihan nuorena poikana olin justeerin toisessa päässä, kun kaadettiin isoja tukkipuita.

Moottorisaha hankittiin meille v. 1956. Sen kanssa tapahtui kerran onnettomuus, kun olin mittamiehenä isän kaataessa ja katkoessa puita naapurin, Ville Lillqvistin, työmaalla. Kaatuva puu osui isoon lahopuuhun, josta irtosi kappale ja putosi alas minun päähäni. Minulta meni taju ja isä kertoi myöhemmin, että kun ei muuta astiaa ollut, he hädissään kantoivat vettä Villen lakilla jostain luolasta ja valuttelivat sitä minun päähäni.

Jotenkin siitä tokenin ja lähdimme polkupyörillä ajamaan kohti kotia. Muutama kilometri meni niin, että en muista siitä mitään, mutta Nurkkapuron sillan kohdalla havahduin todellisuuteen, kun meinasin ajaa puroon. Seuraavan päivän makoilin, ja kun ei mitään kummempaa tapah-tunut, vanhemmat arvelivat, että poika on terve. Ei muuta kuin töihin vaan. Lääkäriin menoa ei taidettu edes pohtia.

Isän "psykologista" kasvatusta oli kehua, kuinka muka ikäiseni Oksa-koskella asuva serkkupoika kaivaa ojaa kovemmin kuin aikuiset miehet. Tietysti yritin sitten entistä kovemmin, kun halusin olla serkkuni veroinen. Myöhemmin kyllä selvisi, että serkkupoika olikin viisi vuotta minua vanhempi. Sekin kävi minulle myöhemmin selväksi, että tämä serkku oli tosiaan mahdottoman kova tekemään töitä.

Kesällä luonnollisesti osallistuttiin pellonraivauksen lisäksi muihin peltotöihin. Nuoresta pojasta oli kaikkein jännittävintä, kun rahkakuokosta kulotettiin. Piti pelätä, että tuli karkaa. Kytösavun haju kuului kylän kesään erottamat-tomana osana. Kerran tuli sitten karkasikin. Lähes kaikki kylän aikuiset olivat lähteneet maa-talousnäyttelyyn, ja erään naapurimme kytömaalla ollut tulipesäke sai voimaa tuulesta ja lähti laajana rintamana lähestymään kolmea taloa. Apuun saatiin hälytettyä vpk:t sekä Perhosta että Kinnulasta, ja heidän sekä paikalle ehtineiden kyläläisten voimin saatiin tuli pysähtymään ennen kuin se ehti taloihin.

Kesäisin pelättiin aina hallaa. Joinain kesinä isä yritti pitää tulia peltojen reunalla siinä toivossa, että savu laskeutuisi viljapellolle, ja vilja säästyisi hallalta, mutta ei se auttanut.

Yhtenä syksynä, kun aamulla jo näki, että halla on tulossa, me aloimme niittää vähän puolivalmista ohraa maahan, että se ei paleltuisi.

Myös paimenessa olo, "ottosten otto" ja lehdesten teko kuuluivat lapsuus-ajan töihin.

Lähiseudun erämaat tulivat
tutuiksi onki- ja marjareissuilla.
Kuvat: Seppo Salmi ja Anita Salmi

Meillä myös kalastettiin. Lähellä olevassa Nielujärvessä pidettiin verkkoja ja katiskoita. Jo alakouluikäisenä olin isällä verkonsoutajana, ja kovassa tuulessa se oli vaikeaa työtä.

Syksyisin olimme joskus veljeni kanssa ajomiehinä, kun isä oli lintumetsällä. Isä osasi aavistaa metsojen lentoreitit ja melkein joka kerta saaliina oli metso tai parikin. Kun ruoka siihen aikaan oli melko yksinkertaista, monessa tapauksessa "maitoperunoita", niin meillä isän metsästys ja kalastus toivat vaihtelua ruokaan. Myös marjat antoivat pientä vaihtelua tavalliseen ruokavalioon.

Metsätöihinkin tuli apuvälineitä jo 1950-luvun lopulla. Tässä ollaan 1960-luvulla. Kuva: Kaija Kinnusen albumi.

Harrastukset ja vapaa-aika

Vapaa-aikaa oli suhteellisen niukasti. Ihan lapsena sitä oli kuitenkin enemmän kuin sitten, kun ikä alkoi olla toisella kymmennellä. Kesäisin kävimme onkimassa, uimme ja pelasimme neljää maalia tai pesäpalloa ja yleisurheilimme.

Itse olin innostunut juoksemisesta ja 1940-luvun lopulla ihailin Viljo Heinoa, Väinö Koskelaa ja Väinö Mäkelää. Pikkupojan mielessäni harmittelin, kun vanhemmat eivät olleet tehneet minusta Viljoa tai Väinöä. Olin sitä mieltä, että Olavi ei ole juoksijan nimi. No 1950-luvulla käsitykseni muuttui, kun Vuorisalo, Salsola ja Salonen toivat maallemme ja Olavi-nimelle mainetta.

Alkuvuosina kävimme uimassa kotimme lähellä olevassa Nielujärvessä. Kun 1950-luvun alkupuolella Matkusjoki perattiin, järven vedenpinta laski niin paljon, että siinä ei pystynyt kunnolla uimaan. Uimapaikkamme muuttui Koirajokeen, jossa oli tarpeeksi paljon vettä.

Joskus uitiin erämaajärvissä, mutta yleensä Koirajoessa ja kannettiin sieltä talousvettäkin, kun kaivo usein kuivui. Kuva: Anita Salmi.

Joskus lähdimme naapurien lasten (Varilat, Pulkkiset) kanssa uintiretkelle Särkiselle, jossa oli hiekkarantakin. Näin vuosien jälkeen ihmettelee, että lapsena viitsimme kävellä huonoa polkua nelisen kilometriä suuntaansa päästäksemme uimaan. Hiekkaranta oli tietysti mukava, mutta siellä soiden keskellä olevan järven rannalla riitti hyttysiä. Sekin ihmetyttää, että aikuiset uskalsivat päästää meidät keskenämme sinne monen kilometrin päähän. Onneksi ei koskaan sattunut mitään vahinkoja.

Kesäisin kävimme myös onkimassa ja uistelemassa. Lähiseutujen lammet ja järvet tulivat tutuiksi kesäisillä onkireissuilla. Ihan pieninä poikina olimme yleensä isän mukana, mutta kun ikää tuli, aloimme käydä kalassa keskenämme ja naapurin poikien kanssa. Velipojan kanssa lähdimme kerran pilkille, kun näimme, että Kinnulasta asti tuli pilkkimiehiä Särkiselle.

Särkisen seudun nevoja ja erämaita. Kuva: Seppo Salmi.

119

Yhden kylmän tammikuisen päivän pilkimme. Ensin Särkisen jäällä, ja kun sieltä ei tullut mitään, menimme jonkin matkan päähän Tiaisten tielammille. Kalaonnea ei ollut sielläkään. Se oli sellainen kokemus, että meidän pilkkiharrastuksemme loppui siihen.

Talvisin rakentelimme hyppyreitä ja laskimme mäkeä sekä hiihdimme. Mäkiä oli seudulla harvakseen ja nekin pieniä. Monesti mäeksi riitti halkopino, jonka päältä laskettiin johonkin ojan pohjalle. Lähin isompi mäki oli Nielujärven takana oleva Murronkallio. Sinne mentiin joskus isommalla porukalla laskemaan.

Jonkin verran kävimme tietysti myös naapureissa, joissa oli samanikäisiä lapsia ja nuoria. Pelasimme tammea tai myllyä ja Mustaa Pekkaa, jos jollakin oli kortit tai leikittiin piilosta.

Kylällä järjestettiin kesäisin urheilukilpailuja ja talvella hiihtokilpailuja, joita käytiin katsomassa ja niihin myös osallistuttiin.

Usein oli sellaisia viestijuoksuja ja viestihiihtoja, että kylän eri kulmakunnat kilpailivat keskenään. Kylään perustettiin jopa oma urheiluseura, Perhon Veto, mutta sen toiminta hiipui heti alkuunsa ja ne, jotka urheilivat, liittyivät Perhon Kiriin tai Perhon Urheilijoihin.

Kylällä oli myös opettajia, jotka järjestivät erilaisia kerhoja. Opiskelimme englantia, harjoittelimme näytelmiä yms.

Musiikkia kuunneltiin radiosta. Maaseudun eläjille Henry Theel, Metrotytöt, Harmony Sisters, Olavi Virta, Tapio Rautavaara ja tietysti Kipparikvartetti olivat suosituimmat esiintyjät. Kylällemme muutti Kaustiselta ihmisiä, joiden kautta opittiin tuntemaan Konsta Jylhä ja Purppuripelimannit.

Radiosta kuunneltiin myös Kalle-Kustaa Korkin ja Pekka Lipposen seikkailuja, Välskärin kertomuksia sekä Seitsemää veljestä. Myös kuunnel-mat olivat suosittuja.

Jossain vaiheessa meillä oli akkukäyttöinen radio. Akku vietiin aina ladattavaksi Kinnulaan. Kerran kävi niin, että minut laitettiin hakemaan akkua yhtenä talvisena päivänä, kun illalla piti kuunnella Seitsemää veljestä.

Kun tulin akun kanssa kotiin, niin huomattiin, että akku olikin tyhjä. En tiedä, mikä sekaannus siinä oli tullut, mutta kyllä se silloin harmitti. Olin ajanut polkupyörällä huonokuntoista tietä lähes 30 kilometriä turhan takia. Eniten harmitti, että se ohjelma jäi kuulematta!

Kirjoja luettiin paljon. Kotiin hankittiin kirjoja, niitä lainattiin naapureilta ja myöhemmin koululla olevasta sivukirjastosta. Isämme ei oikein pitänyt siitä, että luimme romaaneja, vaikka se tapahtui vapaa-aikana. Vieläkin säpsäh-dän, kun olen lukemassa romaania ja joku tulee huoneeseen. Isä oli sitä mieltä, että lukea saa, mutta pitää lukea tietokirjoja, hän sanoi "tietopuolisia kirjoja".

Veljeni Tapion kanssa luimme Seitsemää veljestä niin usein, että osasimme sen käytännössä ulkoa.Töissä ollessamme saatoimme kesken kaiken sanoa kirjasta jonkun lauseen tai repliikin ja toisen piti osata jatkaa siitä.

Elokuvissakin käytiin joskus. Kylällämme kävi 1950-luvulla kiertäviä elo-kuvien näyttäjiä, joiden ohjelmistoon kuuluivat lähinnä Puupää-filmit ja joskus joku kotimainen seikkailuelokuva. Jopa Tuntematon sotilas oli ohjel-mistossa. Elokuvissa käytiin ihan olosuhteista johtuen tosi harvoin. Kesällä esitykset olivat yleensä Onni Koskelan karjaladossa ja talvella Elias Korven tuvassa.

Kylällä toimi myös maamiesseura, joka järjesti tupailtoja, urheilu-kilpailuja ja kesäisin myös tansseja kylän lavalla.

Kylällämme järjestettiin myös hengellisiä tupakokouksia. Helluntai-saarnaaja Eugen Kainu oli eräänä talvena kylällä metsätöissä ja järjesti iltaisin hengellisiä kokouksia, jotka keräsivät kovasti kuulijoita. Jotkut kylän miehet innostuivat lukemaan Raamattua voidakseen kokousten jälkeen kiistellä puhujan kansssa "oikeasta opista".

Myöhemmin kylällä kulki muitakin saarnamiehiä ja Mökälään syntyi 1950-luvulla pieni helluntailaisten ryhmä, joka edelleen jatkoi evankelioimistyötä. Alkuaikojen mielenkiinto kuitenkin hiipui vähitellen. Televisio voitti 1960-luvulle tultaessa mielenkiinnossaan saarnamiehet.

Kerran Haasiosalmessa pidetyissä laestadiolaisten seuroissa eräs nais-kuulija "meni riemuun". Hän alkoi pomppia lattialla pientä ympyrää, pitäen jotain ääntä. Se oli minusta, lapsesta, vähän hämmentävää.

Luterilainen kirkko järjesti kylällä kinkerit kerran vuodessa. Niihin piti rippikouluun aikovien osallistua. Vielä 1957 Mökälän tie oli talvella niin huonosti aurattu, että Perhon pappi, Niilo Kustaa Lilja, joutui tulemaan hevoskyydillä pitämään kylän kinkereitä.

Kyläilyperinne ja naapuriapu

Alkuaikoina kyläiltiin melko paljon. Varsinkin, jos talossa oli kortteeri-miehiä, niin heidän juttujaan tultiin kuuntelemaan. Miehet kertoivat sota-, metsä- ja kalajuttuja ja keskustelivat työasioista. Jos naisia oli mukana, heillä oli yleensä joku kudin mukanaan.

Joskus aikuiset innostuivat kertomaan kummitusjuttuja. Sellaisina iltoina oli vähän pelottavaa mennä pimeälle pihalle asioille. Hakemaan vettä kaivosta, puita liiteristä tai mennä talliin antamaan hevoselle heiniä.

Yhtenä talvena naapurissamme oli kortteeria mies, joka oli jossain vaiheessa käynyt Amerikassa. Hänen juttujaan ei aina tahdottu uskoa todeksi. Eniten meitä pikkupoikia epäilytti sellainen juttu, kun hän kertoi, että "suures maailmass' keitetään kaffikin klasipannuss'." Olimme nähneet keitettävän kahvia vain puuhellalla tai nuotiolla ja olimme sitä mieltä, että rikkihän se lasipannu menee, kun sitä tulessa kuumentaa. Nykyään ne "klasipannut" ovat käytössä lähes joka taloudessa, mutta eipä niitä avotulen päällä kuumenneta, niin kuin me poikasina luulimme.

Yleensä vieraat eivät etukäteen ilmoitelleet tulostaan. Usein heille tarjottiin kahvia ja kahvin kanssa jotain pientä syötävää, pullaa tai vaikka korppuja, jos sattui olemaan. Joka kerta ei välttämättä tarjottu mitään.

Siihen aikaan lähes kaikki miehet polttivat tupakkaa ja se oli tärkeä osa kyläilyssä. Voi kuvitella millainen hengitysilma huoneessa oli, kun neljä -viisi miestä istuu illan ja polttaa lähes koko ajan tupakkaa.

Naapureihin turvauduttiin, kun tarvittiin jotain erikoista työvälinettä, jota ei joka taloudessa ollut. Samoin silloin, kun kahvi, sokeri, tai vaikka tupakka oli yllättäen loppunut ja kauppareissuun ei ollut aikaa. Lainattu tavara palautettiin, kun sitä ei enää tarvittu ja kun kaupassa oli käyty.

Vanhimpana poikana minut laitettiin usein asialla. Lapsena olin ujo ja yritin vältellä lähtöä sanoen, että en osaa sanoa asiaa. Se ei kuitenkaan auttanut. Isä kirjoitti asian paperille ja sanoi, että annat vaan tämän. Monia kymmeniä vuosia myöhemmin luin Harri Tapperin muistelma-kirjasta, että hän oli myös lapsena ujostellut asialle lähtöä, ja hänen isänsä oli kirjoittanut asian lapulle samoin saatesanoin kuin isäni.

Yhteisöllisyys näkyi Mökälässä myös siten, että häihin tuli yleensä koko kylän väki. Kuva: Eeva-Liisa Puraasen albumi.

Naapuriapuun turvauduttiin myös silloin, jos oli joku työ, jota ei itse osattu tehdä. Esimerkiksi teurastaminen ei kaikilta onnistunut. Kun moottorisahat yleistyivät 1950-luvun lopulla, niin niiden käyntihäiriöiden korjaamisessa monet joutuivat turvautumaan jonkun osaavamman henkilön apuun.

Naapurissa käytiin myös saunassa, kun oma sauna oli vielä keskentekoinen tai aloittamatta. Meille rakennettiin pieni savusauna heti, kun tulimme kylälle asumaan. Siinä kävi kylpemässä ensimmäisen kahden vuoden aikana oman perheen lisäksi kaksikin naapuriperhettä, kun heillä ei vielä ollut omaa saunaa. Nykyään ei aina edes tunneta naapureita, vaikka talot ovat melkein seinä seinässä kiinni.

Naapuriapua oli myös postin kuljetus Salamajärven kaupalta Mökälän kylälle. Alkuaikoina posti tuli ihan satunnaisesti sen mukaan, kuinka oli Salamajärven kaupassa käyntiä, mutta tien valmistuttua jaettiin tiloille postinhakuvuorot. Kukin talo haki kerran viikossa postin Salamajärveltä ja toi sen oman kylän kauppaan, josta se haettiin kauppareissun yhteydessä.Tätä jatkui siihen saakka, kunnes postiauto alkoi ajaa Mökälän läpi 1960-luvun taitteessa.

Yhteisöllisyyttä lisäsi myös se, että kylällä pidettyihin häihin ja muihinkin juhliin olivat kaikki kyläläiset tervetulleita. Ne olivat yleensä kodeissa, vaikka tilat olivat aika pienet. Kylällä ei ollut mitään juhlatiloja. Kesäisin häiden yhteydessä saatettiin jopa tanssia, jos talon karjaladossa oli tilaa.

Se on jäänyt mieleen, että vaikka kylällä oli sekä nuoria naisia että nuoria miehiä, ei juuri kukaan löytänyt puolisoa omalta kylältä. Se oli aina vähintään naapurikylästä tai naapuripitäjästä.

Kulkijoita ja jätkiä ilmaantui joskus

Alkuaikoina kylälle kulkeutui muista pitäjistä miehiä työn perässä. He majoittuivat isäntäperheiltä tyhjiksi jääneisiin asuntosaunoihin ja tekivät erilaisia talon töitä korvausta vastaan. Lähes aina he olivat perheettömiä miehiä, ja saattoivat olla kylällä useita vuosia käymättä kotiseudullaan.

Myös joitain erikoisammattimiehiä tuli pitkistäkin matkoista. Yhtenä talvena kylällä oli länkien tekijä, joka oli kotoisin Kuortaneelta. Tinurit olivat kiertävä ammattiryhmä, jotka kävivät kylän kahvipannuja tinaamassa, mutta he eivät viipyneet kylällä pitkään. Myös pärekopan tekjöitä kulki kylällä. Yhden kopantekijän nimen muistan. Hän oli "Koppa-Matiksi" kutsuttu Matti Kivelä Perhon Oksakoskelta.

Romanit alkoivat kulkea kylällä, kun tie Kinnulasta Perhoon valmistui. Enimmäkseen he liikkuivat talviaikaan ja usein suurina ryhminä. Heillä oli sellainen käytäntö, että yksi tai kaksi hevoslastia tuli pihaan ja kysyi yösijaa. Samalla he vakuuttivat, että mitään he eivät tarvitse, jos yösija annetaan. Kaikki tarpeellinen heillä on itsellään. Kun yösija sitten pitkien keskustelujen jälkeen luvattiin, saattoi käydä niin, että väkeä alkoi tulla lisää ja ruuan valmistukseenkin tarvittiin talosta yhtä ja toista.

Kerran sattui huvittava tapaus, kun romanimies kysyi naapuriltamme Leevi Pöytäsaarelta yökortteeria: " Hai Löövi, saavaanko me olla teillä yötä?" Leevi, joka itse ei pitänyt romaneista, sanoi: "Kyllähän minä antaisin teidän olla, mutta tuo meidän Vieno ei hyväksy sitä". Romanimies siihen: "Hai Löövi, kyllä sulla on paha akka!"

Romanimiehet olivat kovia tekemään hevoskauppaa ja aina heillä oli parempi hevonen kuin talossa. Jotkut isännät siihen uskoivatkin ja maksoivat välirahaa vaihdossa. Kerran kinnulalainen isäntä oli huomannut kohta kaupat tehtyään, että hevosessa oli jotain sellaista vikaa, jota romanimies ei ollut kertonut. Hän lähti purkamaan kauppaa ja tavoitti romanit meillä. Isäntä oli varustautunut pistoolilla ja piti kättä taskussa olevan pistoolin liipasimella koko ajan, kun kaupan purusta neuvoteltiin. Tilanne päättyi siihen, että romani myöntyi kaupan purkuun, eikä pistoolia tarvinnut käyttää kuin pelotteena.

Yhtenä talvena meillä oli kortteeria kaksi romanimiestä (Pekka ja Molo), jotka olivat metsätöissä koko talven. Samana talvena naapurin emäntä, Laina Varila, kuoli ja siihen aikaan vainajaa pidettiin kotona hautajaisiin saakka. Niin kauan kuin vainaja oli kotona, nämä romanimiehet eivät uskal-taneet mennä iltaisin talliin ruokkimaan hevostaan, ellei joku meidän väestä, usein minä, lähtenyt mukaan.

Hevosten länkiä osasivat monet kätevät talolliset tehdä myös itse. Kuva: Anita Salmi.

Tekniikan kehitykseen liittyvät muistot

Ihan aluksi, kun tietäkään ei ollut Mökälässä, tehtiin kaikki hevosvetoisilla laitteilla ja/tai miesvoimalla. Hevosia tarvittiin lähinnä puun ajossa talvella ja kesällä peltotöissä.

Vilja ja heinä niitettiin viikatteella, haravoitiin ja pantiin seipäälle. Kuiva vilja ja heinä ajettiin hevoskärryillä latoihin ja puimapaikalle. Puimakonetta, sirkkeliä ja pärehöylää pyöritti maamoottori.

Kun maantie saatiin kylään, alettiin taloihin hankkia traktoreita. Ne yleistyivät kuitenkin hitaasti.Vielä 1960-luvullakaan ei kaikissa taloissa ollut traktoria. Maataloustraktoreita käytettiin sekä peltotöissä että metsätöissä. Leikkuupuimureita ei kylälle hankittu.

Kylän ensimmäinen henkilöauto oli Valde Salmen taksiauto. Sen merkkiä en muista. Luultavasti se oli Ford, joka ostettiin käytettynä v.1952. Ensimmäinen kuorma-auto kylälle tuli samoihin aikoihin. Sitten 1950-luvun loppupuolella kylälle tuli neljä henkilöautoa. Volvo, Wartburg, Moskvist, Ifa. Autot yleistyivät hitaasti. Vasta 1960-luvun loppupuolella niitä alkoi olla enemmän. Ei kuitenkaan joka talossa.

Moottoripyöriä kylällä oli muutamia. Taisi olla puolenkymmentä kaikkiaan. Merkkejä oli MZ, Jawa, IC ja Pannonia. Moottoripyörää suositumpi ja yleisempi kulkuneuvo oli mopedi, joita 1950-luvun lopulla ja 1960-luvun alussa oli lähes joka talossa. Oli Tunturia, Monarkia, Helkamaa, Zundnappia ja Jupiteria.

Mopedilla tehtiin kauppareissut ja mentiin savotoille ja käytiin asioilla muutenkin. Huviajeluakin sillä joskus tehtiin. Mopedilla käytiin elokuvissa Jängällä tai Kinnulassa iltamissa. Joskus ajeltiin ihan muuten vaan. Tosin vanhemmat rajoittivat kovasti nuorison huviajelua, mikä oli ymmärret-tävääkin, sillä bensahan maksoi ja rahaa oli niukasti.

Puhelin tuli kylälle samoihin aikoihin kuin sinne saatiin sähköt. Sitä ei kuitenkaan hankittu kuin muutamaan taloon. Taisi olla neljässä talossa.

Kun sähköt oli saatu kylälle, ukkonen alkoi tehdä tuhojaan. Oliko sähköjohdot huonosti maadoitettu vai mikä lie, mutta seuraavina kesinä salamat aiheuttivat vahinkoja kylällä.

Meilläkin kerran elokuisena aamuna tuli pallosalama kovan pamah-duksen saattelemana pistorasiasta hellalle. Siitä se pomppi avoimesta ovesta eteiseen, meni eteisessä kenkiä jalkaan laittamassa olleen sisareni Oilin pään yli, rikkoi eteisen ikkunan ja meni siitä pihalle. Monet sanovat, että pallosalamaa ei olekaan, mutta me näimme sen omin silmin. Se kyllä pelästytti koko talon väen.

Television tulovuotta en tarkasti muista. Niitä hankittiin aluksi vain muutamiin taloihin, joissa niitä käytiin lähes koko kylän voimin katsomassa. Talon väki suhtautui asiaan ihan hyvin. Aika nopeasti televisio yleistyi innokkaiden myyntimiesten ansiosta, vaikka televisio-antennia talon katolla konkurssiharavaksi sanottiinkin.

Anita Salmi
Tyttöjen töissä, mutta aikaa oli myös tarinoille

Olen syntynyt Mökälässä, Salkosaaressa. Se oli isän ja äidin rintama-
miestila, jonne he olivat muuttaneet v. 1949. Äiti kertoi, että se paikka oli
ollut alussa ihan puskikon ja metsän peitossa. Siellä oli ollut hirveästi
hyttysiä. Häneltä oli päässyt itku, kun ensi kerran oli sinne tullut.

Meidän pihapiirissämme oli asuintalo, ulkorakennus, jossa oli
puuliiteri, aitta, lato, talli ja navetta. Lisäksi siinä oli pieni varastotila, jota
sanoimme väliköksi. Sinne joskus rakensimme majoja nuorempien
veljieni Heikin ja Sepon kanssa.

Savusauna oli tien takana. Keskellä pihaa oli kannellinen muuripata,
jonka alla pidettiin tulta ja lämmitettiin vettä. Siinä äiti keitti myös
vaatteita, kun pesi pyykkiä. Myöhemmin rakennettiin pihaan uusi
"oikea" sauna ja patakin siirrettiin sinne.

Kaivo oli niin ikään pihassa. Sieltä loppui varsinkin talvisin ja
muulloinkin vesi. Silloin jouduttiin vesi tuomaan joesta. Talvella vettä
sulatettiin lumesta. Veden kanto joesta tai sulatus lumesta oli usein
meidän tyttöjen hommaa, kun hieman vartuimme.

Seppo ja Leena Salmi kaivolla.
Kuva: Kaija Kinnusen
(os. Salmi) albumi.

Vielä 1950-luvulla kodeissa oli puusta tehtyjä astioita, mm. erilaisia saaveja. Ruisleipätaikina tehtiin monissa taloissa saaviin. Sinne jätettiin seuraavaksi kerraksi pieni määrä leivänjuurta Kuva: Anita Salmi.

Pyykinpesussa myös olin äidin apuna, kuten me tytöt muutoin. Ei tosin silloin, kun oli koulua, mutta jos oli lomaa talvella ja kesäisin. Kesäaikaan pyykkiä pestiin jokirannassa.

Me myös pienimme ja kannoimme puita. Vanhemmat veljet olivat jo miesten hommissa, vaikka eivät kovin vanhoja hekään olleet.

Kesäisin keräsimme risuja metsistä polttopuiksi. Lisäksi riivimme lehtiä lehmille tai nykimme heiniä. Niin ikään olimme heinätöissä ja elonkorjuussa. Meillä oli myös pieni kasvimaa, jota piti kitkeä. Se oli vastahakoista hommaa.

Tyttöjen hommaa oli usein myös kalojen perkaaminen. Isällä oli pyydyksiä Nielujärvessä ja joskus keväisin sieltä nousi saavikaupalla kalaa. Oli siinä perkaamista.

Metsässä olimme niin ikään joskus karsimassa puskikoita ja minä olin myös miesten kanssa istutuksella. Isä ja hänen kaksi veljeään kaivoivat istutuskuokalla maahan istutuskuopan, jonne me lapset, yleensä Heikki, Seppo ja minä laitoimme puuntaimen.

Marjassa kävimme myös. Oli pitkä taival mennä marjapaikkaan ensin polkua kangasmetsässä, sitten pitkospuita ja taas kangasta. Lapsesta se ainakin tuntui pitkältä.

Mökälän koulun oppilaita v. 1959. Vasemmalla takana yläluokan opettaja Martti Luostari ja oikealla alaluokan opettaja Soile Kuhmonen. Kuva: Anita Salmen albumi.

Vanhemmat sisareni Oili, Tuula ja Leena lähtivät kotoa heti, kun kynnelle kykenivät eli reilusti alle 20-vuotiaina. Töihin piti siihen aikaan tarttua varhain ja usein tytöt hieman vartuttuaan menivät kodin ulkopuolelle ansiotyöhön. Minä kävin Kinnulassa oppikoulun ja olin vähän pidempään kotona. Sitten lähdin Kokkolaan lukioon. Vanhemmat veljeni asuivat kotona armeijassa käyntiin saakka ja osin sen jälkeenkin. Toki töissä he kävivät tuolloinkin.

Kanssakäyminen Mökälän suuntaan väheni, kun jouduimme läänin rajan muututtua Kinnulan puolelle, Matkusjoen kouluun. Se harmitti, koska en tuntenut siellä ketään muita kuin Varilan Heikin ja Hannun. Heidän kanssaan usein kouluun mentiinkin. Tutut tytöt Heli Tastula ja Inkeri Peltoniemi jäivät kuitenkin toiseen kouluun.

Minä ehdin käydä vain vuoden Mökälän koulua. Tosin oli yhteys edelleen isän sukulaisiin, joita asui ns. Salmessa rajan, toisella puolella. Samoin yhteyksiä oli lähinaapureihin.

129

Kun olin pieni, meillä oli yksi lehmä. Kun se oli "ummessa", maitoa haettiin hinkillä naapurista. Sittemmin lehmiä oli kolme. Ne olivat sarvipäitä ja vähän pelottavia. Lypsämään en koskaan oppinut. Hevonen oli myös, kun olin pieni ja muutamia lampaita. Myöhemmin niistä luovuttiin.

Äiti oli hyvä ompelemaan ja teki meidän perheelle vaatteet ja joskus naapureillekin tai korjaili, jos oli korjattavaa. Muistan, että me tytöt saimme aina joulu- ja kevätjuhlaan uudet leningit. Se oli iso tapahtuma, koska aina ne olivat kauniita. Äiti tiesi, mikä oli meidän mielestä mukavan näköistä. Meille tytöille hän teki myös kylässä ensimmäisenä pitkät housut, jotta emme enää niin palelisi talvella. Koulumatka oli pitkä.

Joskus mietimme, miten äidillä riitti aikaa kaikkeen, navettatöihin, moniin huushollihommiin ja vielä ompeluun. Perhe oli iso, enimmillään yhdeksän lasta kotona. Tosin me tytöt autoimme, missä kykenimme, mutta tuolloin olimme monet vielä koulussa. Äidin kontolle jäi paljon.

Vaikka kotona piti osallistua pienestä saakka erilaisiin töihin, oli meillä vapaatakin. Paljon olimme ulkona, pelasimme ja keksimme erilaisia leikkejä. Hiihdimme talvella ja kävimme uimassa kesäisin.

Minulla oli vilkas mielikuvitus ja kerroin nuoremmille sisaruksilleni (Heikki, Seppo ja Kaija) juttuja, joihin aloin väliin uskoa itsekin. Kuten vaikkapa siihen, että pilvet voivat tippua päälle, kun ne synkkinä maiseman yllä roikkuivat. Kerran koristelimme metsän laitaan joulu-kuusen eläimille ja uskottelin niiden tanssivan sen ympärillä yöllä. Melkein uskoin itsekin.

Löytämillemme kuolleille pikkulinnuille oli hautausmaa suuren koivun juurella. Sinne ne asiaan kuuluvin menoin haudattiin. Ehkä pienet hautakivet ovat yhä siellä.

Lähimetsässä olleen erikoisen, suuren kiven alla oli tonttujen paja. Kuuntelimme monesti pikkuveljien kanssa sieltä kuuluvia ääniä, kilkutusta, kun ne lahjoja tekivät. Kun sitten Markus-setä kertoi radiossa, joulupukin ja tonttujen asuvan Korvatunturilla, ajattelin hänen keksineen koko jutun.

Pihapiirissä, metsissä ja soilla kasvoi monenlaisia kasveja. Opimme jo pienenä niiden nimet. Kesäisin etsimme paikkoja, joissa harvinainen lehdokki tai maariankämmekkä kukkivat. Tiesimme pikkulintujen pesät, mutta niiden lähelle emme koskaan menneet. Äiti oli opettanut, että lintujen pitää saada olla rauhassa. Harvinaisia kukkia ei puolestaan saanut poimia. Ne ovat kauniita luonnossa.

Meillä oli kotona kirjoja ja lukeminen oli useimmille meistä sisaruksista tärkeä harrastus. En koskaan kysynyt, mistä äiti oli kirjoja hankkinut. Hyllyssä oli kansalliskirjailijoiden - ja muita laatukirjoja. Ehkä hän tilasi niitä kaupan kautta tai postitse. Kun vanhemmat sisarukset varttuivat, alkoi olla myös lännenkirjoja, Zane Greyn kirjoja ja muita.

Olin kova lukemaan, en tosin aina läksyjä niinkään, mutta ilmeisesti riittävästi. Alakoulun opettaja Aino Wikström oli sanonut äidille, että pankaa tuo tyttö kouluun. Ja koulua tulikin käytyä aina tohtorin tutkintoon saakka. Tosin vasta varttuneella iällä tuon tutkinnon hankin eli 51 vuotta täyttäneenä. Se oli luultavasti vanhemmilleni isompi asia kuin itselleni ja suuri kiitos siitä tulee heille. Sitkeys on sieltä lähtöisin.

Vuonna 1968 lähdin Kokkolaan lukioon. Seuraavana vuonna kotiväkeni myi tilan ja sen maat valtiolle ja muutti Kinnulan Kangaskylälle. Mökälä ja lapsuudenkoti jäivät muistojen joukkoon.

Sydänmaan rauhaa.
Kuva: Tommi Salmi.

Matti Varilan ja Heikki Varilan muistoja
Synnyinmaa jäi kauas

Varilan perhe asui Mökälässä noin kymmenen vuotta. He olivat perheemme (Salmi) lähin naapuri.

Varilan ja Salmen talot olivat alle sadan metrin päässä toisistaan. Niiden välille oli muodostunut oikopolku, jota pitkin aikuiset ja lapset kävivät naapurissa, toisissaan. Tiekin olisi ollut, mutta polkua pitkin matka kävi sutjakkaammin.

Varilat muuttivat alkukesästä vuonna 1960 USA:n länsirannikolle Nasellen kaupunkiin, jossa Heikki (Henry) ja Hannu (Hans) edelleen asuvat. Matti (Matt) asuu Oregonissa.

Vuosien jälkeen Olavi (Salmi) löysi Variloiden yhteystiedot googlettamalla. Muutamat Varilan ja Salmen sisaruksista kävivät ensin keskenään kirjeenvaihtoa. Sittemmin uusi yhteys on luotu Facebookin ja Messengerin avulla.

Olavi on viestitellyt Mökälän ajoista ja muistoista Matin kanssa ja Anita (Salmi) Heikin kanssa.

Matti kertoo:

Hyvin paljon muistoja ei ole Mökälästä jäänyt mieleen, mutta joitain kuitenkin.

Eräs dramaattinen tapahtuma sattui alkuaikoina siellä. Isämme Erkki kerran oli kyntämässä suota telaketjuin varustetulla pillarilla. Äkkiä pillari kaatui ja alkoi upota pehmeään suohon. Vaivoin isämme saatiin pelastettua suohon vajoavan koneen alta. Hän loukkaantui siinä, mutta toipui siitä kuitenkin.

Tästä onnettomuudesta on valokuva, jota katsoessa voi vain kuvitella, kuinka vakava tilanne oli.

Maatöitä piti asutustilalla tehdä kovasti. Metsätöitä tehtiin niin ikään, oli esimerkiksi halkojen hakkuuta ja keväisin puiden parkkausta.

Sellainen muisto tulee myös mieleen, että me isommat pojat (mm. minä ja Salmen Olavi) kävimme lähinaapureissa joulupukkeina. Tietysti ilman korvausta. Siihen aikaan joulukuusissa oli palavat kynttilät ja kerran kävi niin, että erään talon isäntä halusi ehdottomasti, että pukkien on pyörittävä piiriä heidän lastensa kanssa kuusen ympärillä.

No mehän teimme työtä käskettyä ja pahin mahdollinen tapahtui. Partani syttyi palamaan ja tempasin hädissäni naamarin pois, jolloin kasvoni paljastuivat. Siinä meni sen talon lapsilta usko joulupukkiin. Palovammoilta onneksi säästyttiin.

Kerran eräs romanimies suuttui kamalasti meille pojille. Olin naapurissa (Salmella) käymässä. Siellä oli silloin eräs romaniperhe ja lisäksi naapurin äidin Evan veli poikansa Aimon kanssa käymässä.

Aikuiset olivat tuvassa ja me pojat olimme ulkona. Jostain tuon Aimon käteen osui metson pää. Hän heitti sen navetan katon yli. Se osui pihassa olleeseen romanipoikaan, joka purskahti itkuun. Pojan isä ryntäsi pihalle ja kohdisti kiukkunsa minuun.

Kovasti kiroten ja uhkaillen hän käski minua lopettamaan hänen lastensa kiusaamisen ja menemään kotiin. Uhkasi hän mennä vielä kotiini selvittämään asiaa. Me pojat ällistyimme ja pelästyimme tuota kiukunpurkausta niin kovasti, että kukaan meistä ei saanut sanottua, että olen ihan syytön koko asiaan. Lähdin siitä vähin äänin kotiini.

Erkki Varilan kuljettama pillari alkoi vajota suohon, hänen sitä kyntäessään. Hädin tuskin hänet saatiin sen alta pelastettua. Kuva: Matt Varilan albumi.

Heikki kertoo:

Muistan, että meillä oli kaksi lehmää ja hevonen maatilallamme. Kun minä ja Hannu olimme riittävän vanhoja, meidän tehtäväksemme tuli paimentaa niitä kesäisin, jotta ne eivät joutuisi mihinkään ikävyyksiin tai karkaamaan omille teilleen.

Yleensä ne halusivat käyskennellä lähellä järveä päivisin. Me puolestaan vietimme aikaamme uimalla ja "lainaamalla" joskus naapurin (Salmen Reinon) venettä. Kävimme niin ikään väliin kokemassa katiskat, olisiko niissä kalaa.

Paimenessa olo tuohon aikaan harmitti. Silloin vannoin, että en koskaan elämässäni halua olla enää missään tekemisissä lehmien kanssa. Miten ollakaan, varsinaisesta työstä eläkkeelle jäätyäni, hoidan edelleen lehmiä ja pidän siitä!

Siinä lähellä kotejamme, tien toisella puolella oli savimonttu. Sen lähellä oli suuri puu, jonka latvaan minä ja Tapio (Salmi) halusimme kiivetä. En muista enää miksi, mutta arvelen, että sen latvasta olisi nähnyt kauaksi. Tapion kanssa kävimme myös sunnuntaisin usein hiihtämässä. Ehkä hän muistaa vielä.

Kävimme niin ikään ongella Koirajoessa. Meillä oli itse tehdyt onget ja yritimme onkia siellä kalaa.

Muistan kerran, kun menimme isän kanssa teille (Salmelle) terottamaan kirvestä, koska isälläsi oli navetassa tahko ja meillä ei ollut.

Olimme usein piilosilla naapurin lasten kanssa.

Muistan, kun kuljimme naapurin ja muidenkin kylän lasten kanssa yhtä matkaa Mökälän kouluun. Koulumatkan varrella oli Pajukon talo. Sen marjapensaita kasvoi melkein tien vieressä, ojan toisella puolella. Syksyllä pensaissa oli marjoja ja joskus koulusta tullessamme kävimme salaa vähän niitä syömässä. Aina kuitenkin pelkäsimme, että jos Tyyne huomaa ja lähtee peräämme ja saa meidät kiinni. En muista, että niin olisi koskaan tapahtunut.

Sellainen muisto vielä, että paljon tavaraa kenelläkään ei ollut siihen aikaan, mutta meidän lapsuutemme oli kuitenkin onnellinen. Näin ajattelen. Erityisesti mieleen ovat jääneet lapsuuden joulut.

Perhon ja Kinnulan rajan tuntumassa asuvia lapsia. Takarissä vas. Eero Pöytäsaari, Ensti Jäsberg ja Tapio Salmi, jonka kasvot eivät näy. Eturivissä vas. Hannu ja Heikki Varila, Erkki Pöytäsaari, Leena, Anita ja Tuula Salmi. Kuva: Anita Salmen albumi.

Lehmien paimennus harmittii, kun kesällä olisi ollut muutakin mukavaa tekemistä. Kuva: Pro Agria Kokkola.

Lasse Saarikettu muistoja

"Vanhemmille oli tärkeää asua Mökälässä"

Isäni Heimo Saarikettu oli syntynyt 6.1.1922 Kaustisella ja äitini Rauha
oli syntynyt 20.8.1924 Vetelissä. Heidät oli vihitty 18.7.1943.

Isä oli Harjavallassa kuparisulattamolla töissä ja oli saanut tiedon että
Mökälästä oli rintamalla olleiden mahdollisuus saada tila. Tilan
saamiseksi tuli olla myös vihitty pari. Tilat jaettiin arpomalla. Ne oli
numeroitu ja sitten sai sen numeroidun tilan Mökälästä.
 Mökälään asti ei ollut alussa vielä tietä Salamajärveltä. Talvella tultiin
jäätä pitkin Pitkäänlahteen, josta oli talvitie Salmen kankaaseen. Kesällä
matka taittui veneellä Pitkäänlahteen ja siitä jonkinlaisia pitkospuita pit-
kin Salmeen.

Saariketun perheen talo alkaa olla muuttokunnossa. Kuva: Pirjo
Saarikettu-Pellisen albumi.

Miehet ovat olleet metsänhoito- ja uudistustöissä, vasemmalta Pentti
Tiala, Heimo Saarikettu, Heikki Välimäki ja Esa Saarikettu. Kuva: Pirjo
Saarikettu-Pellisen albumi.

Tilan saatuaan isä lähti Mökälään arvotulle paikalle. Siellä hän söi
eväänsä ja joi kahvit isolla kivellä. Tämä kivi on vieläkin tuvan takana
entisessä perunapellossa. Äidin veli Kalle oli hyvä hirsirakentaja ja tuli
avuksi rakentamaan. Kortteeria he olivat Salmessa. He rakensivat
saunan, asuntosaunan sekä hevostallin. Kun asuntosauna oli valmis, myös
äiti muutti Heikin ja Esan kanssa Mökälään. Tietä ei ollut vielä. He
kävelivät Pitkästälahdesta. Heikki oli tuolloin 3,5 vuotta ja Esa 2 vuotta.
Asuntosauna tehtiin ensin asumista varten ja vasta myöhemmin se
muutettiin saunaksi. Tässä rakennuksessa oli kauppa jonkin aikaa.
Hevostallin päähän rakennettiin myöhemmin navetta.

Rintamamiestaloa alettiin rakentaa seuraavaksi. Perustuksia olivat
kaivamassa Erkki ja Rauni Salmi. Isä ajoi hevosella talvella hiekkaa talon
perustuksen valamista varten. Taloa oli rakentamassa kirvesmies ja
muurari Kaustiselta. Talo valmistui vuonna 1950. Minä olen syntynyt
Mökälässä vuonna 1951. Synnytyksen alettua isä lähti Kinnulasta

hakemaan kätilöä. Kätilöä ei ehditty kuitenkaan saamaan ajoissa paikalle, vaan naapuri on avustanut äitiä synnytyksessä.

Kyläkauppaa ja tilan asumista

Meillä oli kyläkauppa asuntokämpässä/-saunassa. Ronkaisen Toivo piti sitä. Kauppa ei ollut iso, eikä siinä alkuun ollut kylmätiskiä. Jauhot ja sokeri olivat irtotavaraa ja kahvi oli papuina. Kahvin sai jauhettuna, jos halusi. Osa jauhoi pavut kotona. Meillä oli myös veivistä pyöritettävä lihamylly jota kyläläiset joskus lainasivat.

Myöhemmin kylän kauppaa pidettiin neljän tien risteyksessä. Kauppa paloi kesällä 1964. Se ei kuitenkaan palanut pahasti ja on siirretty Salamajärvelle huvilaksi. Tilalle tuli kauppa-auto. Kauppa-auton lopetettua toimintansa isä alkoi käydä Salamajärvellä kaupassa linja-autolla. Myöhemmin kauppareissu suuntautui Perhon kirkolle tai vaihtoehtoisesti Kinnulaan sen mukaan, miten koulujen linja-auto-kuljetukset menivät.

Meillä oli muutama lehmä, sika ja hevonen. Kesäisin lehmät saivat kulkea metsässä ja olivat välillä hukassakin. Maatalon töitä joutui tekemään pienestä asti. Kesällä tehtiin heinätöitä ja syksyisin oli viljan korjuuta. Kalkkia ja apulantaa kylvettiin pelloille. Talvella tehtiin metsätöitä ja keväisin oli puun parkkuuta. Myös metsää istutettiin.

Peltoja oli hankala tehdä Nielujärven rantaan, kun vesi oli korkealla järvessä. Sitten kun järveä vähän kuivattiin, siellä pystyi jonkin verran viljelemään heinää. Vilja tahtoi paleltua. Hevonen oli alkuun ainoastaan talvisin. Isä vei sen aina kesäksi ajamalla Kaustiselle. Silloin vielä meidän pellot eivät olleet valmiit. Myöhemmin hevonen myytiin ja ja ostettin traktori vuonna 1957 sekä siihen karhi, aura ja niittokone.

Vesi otettiin omasta kaivosta, talvisin se usein loppui ja näin kävi myös kesäisin. Talvella äiti sulatteli vettä lumesta ja kesällä vettä saatiin kauhomalla kaivosta vettä, kun vesi oli niin matalalla, ettei pumppu sitä voinut nostaa.

Erilaisia koneita hankittiin vähitellen

Isällä, Varilan Erkillä ja Peltoniemen Armaalla oli yhteinen kuorma-auto ja Lanz Bulldog telakone. Telakoneella he aukaisivat tietä Perhon kirkolle, kun ne olivat menneet pahasti tukkoon. Kuorma-autolla he ajoivat tavaraa rakennuksille. Se myytiin myöhemmin Koskelan Onnille. Telakone myytiin isälle, kun Erkki lähti Amerikkaan vuonna 1960. Telakoneeseen vaihdettiin moottori. Sen jälkeen sillä poljettiin metsätien pohjia ja kesällä aukaistiin pelto-ojia. Zetor 25 A traktori meille ostettiin vuonna 1957. Myös peräkärry hankittiin sekä mopo Hopeasiipi vuonna 1959. Moottorisaha Solo 125 ostettiin vuonna 1960 ja vanha pakettiauto Commer vuonna 1966. Televisio meille ostettiin vuonna 1968.

Koulumuistoja

Koululla järjestettiin joulujuhlia, äitienpäiväjuhlia ja koulun päättäjäisiä. Koululaiset esittivät näissä ohjelmia. Korven talossa pidetyssä koulussa käytiin kuusi vuotta koulua. Toisessa huoneessa oli kolmen ensimmäisen luokan ja toisessa neljännestä kuudenteen luokan koululaiset.

Yläastetta kävin kaksi vuotta Perhon kirkolla, jonne pääsin linja-auton kyydissä. Vanha linja-auto kuljetti väkeä Perhon kirkolle kerran päivässä. Se auto oli varmaan 1940-luvun mallia. Talvella lasit oli jäässä ja ovi pantiin kiinni käsin. Vuonna 1962 tuli parempi auto, joka ajoi reittiä Kinnula-Alajärvi. Se oli meidän kohdalla klo 8.30 ja tuli takaisin klo 16.30. Tämä auto kuljetti viljasäkkejä Kinnulan myllyyn.

Harrastukset ja vapaa-aika

Jo ihan pienenä äiti kuljetti minua mukana marjareissuilla. Hän nosti minut kivelle istumaan kerätessään itse marjoja. Siinä muurahaiset ja kusiaiset kiusasivat minua. Kyläreissuillekin lapset otettiin mukaan. Hankikelillä kyläpaikkoihin mentiin suoraan hankia pitkin ja välillä eksyttiinkin.

Minulla on parhaimmillaan kolme katiskaa Nielujärvessä. Ei minulla ollut venettä. Piti Salmen Reinon venettä vähän lainata. Myös joella kävin uistelemassa Salmen Matin kanssa. Kerran ainakin saatiin hyvin kalaa joesta.

Mökälän kylällä oli myös tanssilava. Maamiesseura järjesti siellä kesäjuhlia. Päivällä pidettiin urheilukilpailut ja illalla oli palkintojen jako. Tansseissa soitti yleensä Urpilaisen yhtye. Metsästysseura järjesti niin ikään tanssit kerran kesässä.

Kyläilijöitä ja kulkijoita

Meillä oli puupenkki keittiössä ja siinä niitä kylän miehiä istuskeli ja kertoivat sotajuttuja ja päivän tapahtumia. Äiti keitteli niille kahvia.

Puhelinkin oli ja moni kyläläisistä kävi soittamassa asioitaan. Kaikilla ei ollut aina kiire. He istuivat monta tuntia. Saattoi tulla lisää miehiä. Ovet olivat aina auki. Joskus kulkumies tuli ja pyysi saako jäädä yöksi. Siinä penkillä se nukkui. Aamulla kahvit juotuaan lähti.

Myös romaneja kulki hevosilla ja pyysivät yösijaa. Silloin oli monta hevosta pihassa ja talo täynnä väkeä. Äiti yritti laittaa oven lukkoon, jos näki romanien tulevan, sillä kerran kun romanit olivat yötä tuvassa, niin aamun valjettua huomattiin, että he olivat jatkaneet matkaa ja vieneet talosta ruuat ja maidot mennessään. Myös lehmät oli lypsetty, ettei omille lapsille jäänyt maitoa sille aamulle.

Muistan kerran, kun minulla oli iso karvalakki ja ruskea takki. Näin että Salmen Unto menee pyörällä. Minä lähdin pyörällä perään. Takin napit oli auenneet. Takki liehui auki. Unto polki, minkä kerkesi ja minä saavutin sitä. Lopulta sain kiinni. Unto oli äidille sanonut, että hän luuli, että mustalaispoika yrittää ottaa hänet kiinni.

Vanhemmat jäivät tilalle, kun muutin Mökälästä Kokkolaan töihin armeijan jälkeen. Vuonna 1972 isä pääsi luopumiseläkkeelle. Sen jälkeen navetta purettiin. Hevostalli ja heinävarasto säilytettiin. Äiti pääsi eläkkeellä pari vuotta myöhemmin.

Taloon tehtiin 1980-luvulla remontti, jolloin laitettiin sisävessa ja suihku. Pitkävesi otettiin Kinnulasta, mutta siitä vanhempani ehtivät nauttia vain muutaman vuoden. Astiat pestiin käsin aina, sillä äiti ei kokenut astianpesukonetta tarpeelliseksi. Myös pyykit hän pesi hyvin pitkälti käsin, vaikka viimeisinä vuosinaan omisti pyykinpesukoneen. Imuria ei äiti myöskään käyttänyt, vaan "laasi" ja pesi lattiat puhtaaksi. Äiti kuoli 18.10.2008. Vanhemmat asuivat Mökälässä äitin kuolemaan saakka. Äidille oli erityisen tärkeää, että ei tarvinnut muuttaa pois Mökälästä. Äidin kuoleman jälkeen isä muutti Kokkolaan Kuusikumpuun ja asui siellä neljä vuotta. Viimeisen vuoden isä asui Kannuksessa Kitinkankaalla. Hän kuoli 19.11.2013.

Tällä hetkellä kotitilan rakennukset ovat Esan ja minun omistuksessa. Metsät myytiin vuonna 2016 Erikoissijoitusrahasto UPM Metsälle.

Kuva: Pro Agrian juhlajulkaisu, Maa elää s. 171.

Inkeri Pekkarinen (os. Peltoniemi) on kirjannut sisarusten muistoja

Maaseutuelämää, työtä ja harrastuksia

Opettaja oli tuohon aikaan auktoriteetti. Häntä kunnioitettiin ja joskus joku joutui nurkkaankin. Oppilaat veivät kotoa eväät, voileivät, maitopullon ja ruokaliinan pulpettia suojaamaan.

Koulussa järjestettiin äitienpäiväjuhlia ja koululaiset saivat tehdä kauniista paperista kukan, joka kiinnitettiin juhlassa äidin rintaan. Se tuntui hienolta. Joulujuhliin mentiin hevoskyydillä, reessä. Oppilaat saivat pukilta pienen paperipussin, jossa usein oli pipari, omena ja karkki. Sekin oli siihen aikaan iso asia.

Pojat olivat isän kanssa metsätöissä heti, kun kynnelle kykenivät. Koska metsää myytiin hankintakaupalla, itse kaadettiin ja ajettiin tienvarteen. Niin ikään parkattiin puita, myös tytöt, isä maksoi pienen korvauksen jokaiselle.

Kesällä työtä oli lehmien paimentaminen ja ottosten riipiminen karjalle. Myös lehmien lypsäminen tuli opeteltua jo nuorena.

Peltoneimen perhe uudistalon edessä. Armas sylissään Inkeri, Edit, Marjatta, Raimo ja Reijo. Kuva: Peltoniemen perhealbumi.

Kesäisin kaivot olivat usein kuivana, joesta ajettiin karjalle vesi. Heinätöihin jokainen osallistui haravoimalla tai seivästämällä.

Marjastaminen on Mökälässä opittu työ/harrastus, joka jatkuu edelleen. Lakkoja (silloin puhuttiin nevamarjoista) oli 1950-60 -luvulla niin paljon, että niitä myytiin. Saavilla vietiin Ronkaisen kauppaan.

Naapurien lasten kanssa kokoonnuttiin milloin kenenkin kotona/ pihalla. Leikkejä oli monenlaisia, talvella hiihdettiin paljon (mm. kouluun mentiin usein suksilla), laskettiin mäkeä, tehtiin hyppyreitä. Meidänkin vieressä ollut mäki tuntui niin suurelta ja monet suksennokat siellä menivät poikki.

Kesällä käytiin uimassa ns. "Koskelan joessa", joka sekin tuntui tosi leveältä. Sisällä oltiin sokkosta, pelattiin huiskutusta vanhoilla joulukorteilla. Siinä toiset arvasivat montako korttia huiskuttaja heilutti ym. Oli tosi hienoa, kun saatiin "Musta-Pekka-kortit"

Kylässä käytiin tai meillä kävi vieraita viikoittain. Sunnuntaisin, kun tuli vieraita, äiti laittoi aina ruoan myös vieraille päivällä ja illalla mentiin itse kylään jonnekin.

Naapuriapu toimi hyvin ja oli tärkeää, esim. puintiaikana tehtiin työt porukalla

Maamiesseuran järjestämät tupaillat kiersivät talosta taloon. Järjestävä talo tarjosi kahvit ja arpajaisarvottavan, jonka avulla maamiesseura keräsi varoja. Tupa oli yleensä täynnä väkeä.

Äitimme oli ompelutaitoinen ja hän ompeli vaatteita oman väen lisäksi kyläläisille, joten meillä kävi kyläläisiä usein niissä asioissa.

Romanit (siihen aikaan puhuttiin mustulaisista) kävivät melko usein ja on jäänyt sellainen mielikuva, että heitä vähän pelättiinkin. Usein he yöpyivät, keittivät omilla pannuillaan kahvin, heidän lähtiessään äiti antoi heille leipää ja voita mukaan. He taisivat vähän kerjätäkin

Vanhemmalle veljelleni oli jäänyt mieleen, että kerran kun romanit olivat meillä, oli tullut kova ukkosenilma ja meidän oma väki oli mennyt pieneen saunatupaan, kun siellä ei ollut sähköä. Romanit menivät navettarakennuksen heinälatoon. Pian he olivat tulleet kysymään, saavatko he myös tulla saunatupaan. Sitten oli tupa ollut täynnä laitoja myöten.

Muutenkin meillä oli useita kortteerimiehiä, esimerkiksi. kun Mökälään tehtiin tietä ja oli metsätöissä kävijöitä. Aina äiti piti huolen heidänkin muonituksestaan.

Kylän ensimmäinen puhelin taisi olla Myllymäellä. Meillä hankittiin ensimmäisten joukossa televisio ja silloin naapureista tuli porukkaa katsomaan. Ohjelmaa ei aluksi tullut kovinkaan kauan päivittäin, mutta kaikki olivat valmiina jo, kun television ns. virityskuva tuli näkyviin.

Ronkaisen kyläkauppa oli tärkeä ja kyläläisten tapaamispaikka. Postiauto kulki myös. Koulu-/linja-autossa tuli paketteja ja postia kylälle. Vanhempi veljeni kertoi jakaneensa koulumatkalla Perhosta postia ja paket-teja laatikoihin ja saaneensa siitä pienen korvauksen.

Maamiesseura järjesti kesäisin kesäjuhlat, jossa päivällä oli urheilukilpailut kylän keskustassa niin sanotun neljän tien risteyksessä ja illalla tanssit Mökälän lavalla. Veljeni muisti, että sinne saatiin myydä verottomat liput, koska lupa oli haettu ohjelmallisina iltamina. Virkavalta kävi usein tarkistuskäynnillä ja kylässä oli henkilö, joka osasi esittää kupletteja. Hän tarvittaessa esiintyi, niin tulivat lupaehdot täytetyksi.

Lakkoja eli nevamarjoja kasvoi runsaasti Mökälän soilla. Sadot ovat pienentyneet kuivatusten takia. Kuva: Seppo Salmi

144

Myllymäen sisarusten muistoja Mökälän vaiheista:

"Hukkaan heitetyt vuodet 1949-1968"

Väinö ja Vieno Myllymäki saivat asumistarkoituksiin käytettäväksi Perhon kunnan Salamajärven kylässä olevan Kinniä nimisen tilan RN:o 32 sekä mainitussa kylässä olevasta maanhankintalain mukaisessa toimituksessa n:o 79644 tunnusmerkillä Mö 11 viljelytilaksi osoitetun alueen.

Äiti ja isä saapuivat asutustilallisiksi Mökälään kesällä 1949. Ensin autolla Salamajärvelle sitten veneellä järven yli ja loppu matka n. 7 km pitkospuita myöten. Mukana oli silloin pieni poika kontissa eli Leevi, joka oli syntynyt 1947. Äiti oli raskaana ja jouluna 1949 syntyi Eero.

Tilasta tuli myöhemmin kylän keskipiste, sillä se asettui tien valmistumisen jälkeen neljän tien risteykseen. Paikalliset "alkuasukkaat" ottivat meidät hyvin vastaan. Heille oli luvattu, että kylälle laitetaan tie.

Alkuun oli pieni yhden huoneen lautatölli ja syksyllä valmistui kahden huoneen torppa, joka myöhemmin muutettiin saunaksi. Uusi isompi nk. rintamamiestalo valmistui 1951. Se tulikin tarpeeseen, sillä 1952 syntyivät kaksoset Heli ja Mauri. Äidin sisko Saara tuli hoitoavuksi ja siinä samalla Mökälästä löytyi hänelle tuleva puoliso Mikko Tunkkari.

Vieno ja Väinö Myllymäki rakenteilla olevan talonsa edessä. Kuva: Heli Myllymäen albumi.

Väinö Myllymäki korjaa autoaan Mökälän kodin pihalla. Kuva: Heli Myllymäen albumi.

Hannu syntyi 1954 kotona saunassa ja kätilönä, tai niin kuin ennen sanottiin "lapsenpäästäjänä", toimi Aili Salmi. Vuonna 1963 meille syntyi vielä iltatähti Teija.

Heti 1950-luvun alussa saatiin sähköt ja tuli oikea tie, joka helpotti paljon elämää. Kuorma-autoja alkoi kulkea, tukkeja ja muuta kuljetettavaa kun oli paljon. Meille hankittiin heti Monark merkkinen mopo. Taisi olla 1950-luvun loppupuolta, kun meijeriauto alkoi hakea sieltä maitoja Perhon meijerille, josta voitiin sitten tilata voita ja juustoa. Samoihin aikoihin alkoivat myös postiauto- ja linja-autoliikenne. Sivistys saapui Mökälään.

Vuonna 1961 kyläläiset lähtivät joukolla Kupilan Veikon autokouluun. Meidän ensimmäinen auto oli Popeda. Sen jälkeen ostettiin hieno Neckar Jagst 770, joka myöhemmin vaihdettiin Simcaan.

Meillä oli Perhon apteekin alainen lääkevarasto, josta pystyi ostamaan käsikauppalääkkeitä kuten särkylääkkeitä (Asperin ja Hota pulveri), yskänlääkkeitä (Perhon yskäntipat ja Fastma), rautaviiniä sekä laastareita metrikaupalla ja sidetarpeita. Oli siellä vitamiinejakin kuten Jekovit-suklaata, jonka me lapset söimme aika nopeasti. Sen vuoksi tilaaminen lopetettiin. Lääkevarasto toimi 2-3 vuotta ja sitten sen lopetettiin, koska laki kielsi sellaiset.

Ronkaisen Toivolla oli sekatavarakauppa tien toisella puolella. Muiste-limme, että olisiko se perustettu 1950-luvun puolivälissä. Meillekin rakennettiin 1959 kioski ison tien toiselle puolelle. Sekin toimi 2-3 vuotta. Ei riittänyt sinni pidempään, kun lapset taas söivät karkit ja joivat limsat itse.

Isä ja Korven Julius hankkivat 1950-luvun alussa yhteisesti sirkkelin sekä pärehöylän, jolla kylän päreet höylättiin.

Juomavesi noudettiin lähteestä n. 0,5 km päästä. Talvella homma hoitui suksilla tai vesikelkalla ja kesällä maitokärryillä. Tämä työ kuului yleensä Leeville ja Eerolle. Porakaivo tehtiin meidän pihalle 1963 ja rahat siihen saatiin myymällä hevonen Urpilaisen Vesalle.

Esimmäinen radio/levysoitin hankittiin 1956. Se oli lipaston näköinen ja taisi olla ensimmäinen kylällä.

Kylällä toimi Maamiesseura, jonka puheenjohtajana toimi meidän isä. Talviaikaan pidettiin tupailtoja aina muutaman kerran vuodessa. Tilai-suudessa myytiin arpoja ja isäntätalo oli hankkinut pienen palkinnon voittajalle. Lisäksi kahvipöydässä oli pieni kuppi, johon laitettiin kahvi-rahaa.

Kesäisin Maamiesseura järjesti kesäjuhlat, jolloin järjestetiin urheilukilpailut. Tiellä juostiin kilpaa ja kuivaajan taakse oli tehty sahanpuruista hyppypaikka. Siinä hypättiin ainakin pituutta, kolmi-loikkaa ja korkeutta. Kuulantyöntö kuului tietenkin asiaan. Saattoi siellä olla muitakin lajeja.

Illalla järjestetiin tanssit. Sitä varten oli rakennettu tanssilava, jonne Väinö raahasi "savikiekkonsa" ja rammarinsa maitokärryillä. Oli kai niitä vinyylilevyjäkin jo silloin. Kovaäänisiäkin ripustettiin puihin. Siihen aikaan oli määräys, että piti olla ohjelmalliset iltamat, jos haluttiin tanssia. Kylässä keksittiinkin ohjelmaksi palkintojenjako eli lusikat jakoon. Sitten laitettiin tanssiksi ja Väinö pyöritti levyjä. Väkeä tuli runsaasti myös naapurikylistä. Tupailloilla ja tanssilipuilla rahoitettiin Maamiesseuran toimintaa ja rakennettiin esimerkiksi kuivaaja.

Yleensä kaikki työt tehtiin talkoilla ja tapana oli auttaa naapureita. Meilläkin oli kerran Korven Eliaksen lehmät hoidossa pari viikkoa. Nykyään ei edes kissalle tahdo löytyä hoitopaikkaa. Koulussa ensimmäistä luokkaa Leevin aikana käytiin vain yhtenä päivän viikossa eli lauantaisin. Sen jälkeen huomattiin, että kyllä opetukseen ja oppimiseen tarvitaan kuusi päivää viikossa. Mökälän koulu lopetetiin 1965 keväällä ja oppilaat jatkoivat Salamajärven koulussa.

Kaikki ensimmäiset opettajat olivat epäpäteviä. Ensimmäinen oikea opettaja oli Tuunaisen Martta, joka tuli 1960 opettamaan Heliä ja Mauria. Aikaisempia opettajia olivat ainakin Martti Luostari. Martti oli kirjoit-tanut Opettaja-lehteen kuinka kurjaa kylässä oli: lapsilla ei ollut kenkiä eikä lämpimiä vaatteita ja talvi oli tulossa. Tulihan niitä paketteja aivan valtavasti, mutta osa oli hienoja korkokenkiä ja muutakin lapsille sopimatonta. Kiitos kuitenkin Martille, että saatiin lämmintä päälle. Muutamat opettajat asuivatkin meillä yläkerrassa, kuten Katajan Mauno.

Koulun joulujuhlat olivat suosittuja ja perinteisillä ohjelmilla mentiin. Olipa siellä kerran näytelmä, jossa joulupukki sairastui. Siihen aikaan oli aasialainen infulenssa liikkeellä ja se oli raju tauti. Sen vuoksi näytelmän nimeksi tulikin "Pukin munissa aasialainen". Se oli todella pelottava näytelmä pienille lapsille. Myös äitienpäivää vietettiin koululla. Oppilaat tekivät paperista kukkia, joita laitettiin äitien rintapieliin.

Pyhäkoulua pidettiin sunnuntaisin aina jonkun kotona. Opettajana toimi Tunkkarin Väinö, joka oli kova laulamaan ja laulattamaan. Kulkijoista sen verran, että koska me asuttiin keskellä kylää ison tien varressa, ohikulkijoita ja kauppiaita tapasi poiketa useasti. Kauppiaat ja kuorma-autokuskit yöpyivätkin toisinaan meillä. Myös romaneille annettiin joskus yösija navetan puimahuoneesta. Oli se siis melkoista kievaritoimintaa välillä.

Siihen aikaan oli tapana kyläillä milloin vain ilman kutsuja. Aika paljon ihmisiä kävi myös sen vuoksi, koska meillä oli kylän ainoa, valtion laittama, seinäpuhelin. Sillä hoidettiin kaikki kylän asiat. Siihen tuli myös kaikkien kyläläisten puhelut ja niitä viestejä me lapset jouduttiin viemään pyörällä taloihin. Myöhemmin tuli

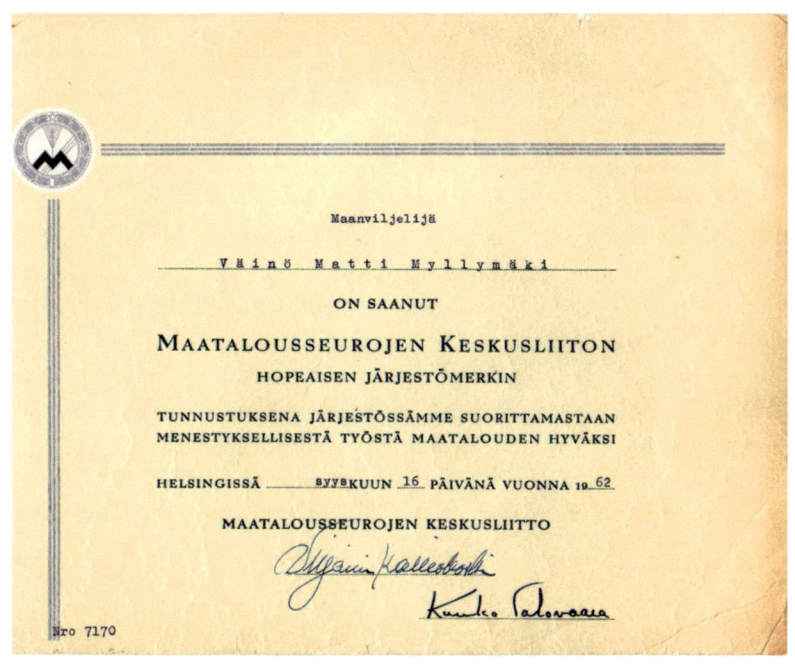

Maanviljelijä

Väinö Matti Myllymäki

ON SAANUT

MAATALOUSSEUROJEN KESKUSLIITON

HOPEAISEN JÄRJESTÖMERKIN

TUNNUSTUKSENA JÄRJESTÖSSÄMME SUORITTAMASTAAN
MENESTYKSELLISESTÄ TYÖSTÄ MAATALOUDEN HYVÄKSI

HELSINGISSÄ syyskuun 16 PÄIVÄNÄ VUONNA 19 62

MAATALOUSSEUROJEN KESKUSLIITTO

Nro 7170

Väinö Myllymäki sai Maatalousseurojen Keskusliiton hopeaisen ansiomerkin aktiivisesta toiminnastaan Mökälän maatalousyhdistyksessä. Kuva: Heli Myllymäki.

muihinkin taloihin puhelimia. Meille jäi edelleen jumittava rele-keskus, jota jouduttiin aina välistä tökkimään.

Mustavalko-tv tuli meille 1963 ja se oli Helkama-merkkinen. Isä oli välittänyt kyläläisille televisioita Kaustiselta Puumalan Pentiltä ja yksi oli kai vahingossa jäänyt meille.

Harrastukset olivat vähissä. Talvella hiihdettiin pelloilla ja pilkittiin järvellä. Kesällä pojat kalastivat Sääksjärvellä ja Lehtosella. Myös joesta nousi jonkin verran kalaa. Joki toimi kesällä pyykkirantana. Sinne oli hankittu iso musta pata, jossa vaatteita keitettiin lipeässä. Huuhtelut tehtiin joessa. Joskus alkuaikoina oli tehty itse lipeäkalaa ja silloinkin joki toimi huuhtelijana.

149

Mökälän kylää rakennettiin 1950-luvulla ja 1960-luvun alussa. Sen jälkeen teollistumisen myötä kylä alkoi tyhjentyä ja rapistua. Meidän tila myytiin valtiolle takaisin 26.3.1968 ja me muutetiin Kokkolaan elokuun 30. päivä. Leevi oli aikaisemmin mennyt armeijaan ja sitten Kokkolaan töihin. Eero oli lähtenyt ammattikouluun, samoin Mauri vähän myöhemmin. Me muut mentiin sitten perässä.

Elämä alkoi tuntua oikeanlaiselta. Äiti ja isä muistelivat aikoinaan Mökälää "hukkaan heitetyt vuodet" aikana. Myös meillä lapsilla on samanlainen tunne. Teija ei tietenkään oikeasti muista mitään asioita, koska oli pois muuttaessamme alle 5-vuotias.

Siellä asuttiin 19 vuotta. Kaksi kunnon perunasatoa saatiin. Halla vei aina kaiken. Ollaan sitä mieltä, ettei sinne olisi pitänyt ketään laittaa asumaan. Isä palveli sotilaspassin mukaan tätä maata 730 päivää. Hän olisi tahtonut ottaa paikan rahana ja lähteä Kokkolaan opiskelemaan tiemestariksi, mutta se ei käynyt silloiselle Maatalous-ministeriön asutusasianosaston päällikkö ja ylijohtaja Veikko Venna-molle. Periaatteena oli: Mökälä tai ei mitään.

Televisioita alkoi kylässä olla myös. Myllymäelle sellainen hankittiin v. 1963. Alkuun niitä ei kaikissa perheissä ollut, joten naapureissa monet kävivät katsomassa ohjelmia. Pian tv yleistyi. Kuva: Heli Myllymäki.

150

Esa Korpi
Koti ja koulu samassa talossa

Isä ja äiti muuttivat Mökälään vuonna 1951, kun minä olin vähän toisella vuodella. Ensin asuimme asuntosaunassa. Kun talo oli rakennettu, isä vuokrasi heti sen alakerran koulun käyttöön.

Itse olin niin kiinnostunut koulunkäynnistä, että menin vuotta aikaisemmin eli kuusivuotiaana kouluun. Matkakin oli lyhyt. Koulussa saatiin niin sanottu lämmin ruoka ja voileivät ja maitopullo tuotiin kotoa. Se oli sellainen ruskea pieni maitopullo, siis muilla oppilailla. Meidän perheen lapsilla ei ollut eväitä, vaan haettiin ruokatunnilla keittiöstä äidiltä maitolasi ja voileivät. Monesti harmittelin tätä itsekseni, koska olisin halunnut tuoda aamulla eväät repussa, kuten muut oppilaat.

Oppilaita oli koulussa paljon. Enimmillään yli 60. Joskus koulussa oli myös jotain iltakerhoja. Erilaisia leikkejä mitä leikittiin oli Vettä kengässä ja Kuka pelkää mustaa miestä. Kun siinä pihassa oli myös lentopallokenttä, iltaisin siinä pelattiin ja tuli jotain kylän muitakin lapsia joskus pelaamaan. Niin ikään välitunnilla tai vapaa-aikana hypättiin ruutua, ns. harakkaa tai jotain muita ruutuleikkejä.

Koululaiset kävivät syksyisin myös marjassa eli poimittiin talven marjat koulun ruokalaa varten.

Isä oli joitain vuosia veistonopettajana. Hän oli kätevä käsistään. Vanhempi sisareni Elsa oli myös jonkin aikaa keittäjänä. Siihen työhön kuului lisäksi siivoaminen ja luokkahuoneiden puukakluunien lämmitys.

Koulussa oli joulujuhlat, kevätjuhlat ja äitienpäivät. Teimme aina äideille kreppipaperista hienot ruusut äitienpäiväksi. Joulujuhlissa oli aina jännittävää, kun siellä oli enemmän erilaista ohjelmaa ja myös näytelmiä. Niin ikään aina vieraili joulupukki ja koululaiset saivat lahjan, ruskean pussin, jossa oli ehkä piparkakku ja karamelleja. Se oli odotettu lahja.

Heti kun vähän kasvoimme, aloimme auttaa monissa töissä. Kannoimme puita ja oli väliin raskasta kantaa niitä yläkertaan. Niin ikään kannoimme vettä kaivosta sisälle ja likavesiä taas ulos.

Erilaista naapuriapua oli eli puintiaikaan oltiin toisella talkoissa ja sitten taas nämä saattoivat auttaa puinnissa tai jossain muussa työssä. Sitä sanottiin väkivelaksi.

Äitienpäivän viettoa Mökälän koululla 1960-luvulla. Aune Korpi on toisessa rivissä ensimmäisenä oikealla. Kuva: Korven perheen albumi.

Metsästys, sienestys, kalastus ja metsästys olivat tärkeitä vielä tuohon aikaan. Siitä saatiin vähän lisäsärvintä ruokapöytään. Joskus lakkoja tai puolukoitakin tuli niin paljon, että pystyttiin viedä kauppaan ja saatiin vähän lisätienestejä.

Isä oli hirviporukassa eli saatiin hirvenlihaa ja joskus pienriistaakin. Niin ikään kalastettiin ja suolattiin kalaa saaveissa, että ne säilyisivät.

Alussa kaupat olivat kaukana eli joskus lainattiin naapurilta jotain tarvikkeita ja sitten palautettiin, kun oli kaupassa käyty. Myöhemmin tuli kyläkauppa neljän tien risteykseen ja siinä oli myös kioski, josta käytiin ostamasa limsaa ja makeisia.

Jonkin verran siihen aikaan oli erilaisia kulkijoita. Romaneja kulki hevosilla. Oli heitä välillä meilläkin yötä.

Ensimmäinen puhelin tuli Myllymäellä. Sieltä käytiin soittamassa, jos oli jotain puhelinasiaa toimitettava. Kun vanhempi sisareni Elsa oli synnytyslaitoksella 1950-luvun lopulla, piti käydä naapurista soittamassa, joko lapsi on syntynyt.

Vanhemmilla veljilläni Erkillä ja Eskolla oli moottoripyörät, kun he aikuistuivat. Autoja ei juuri ollut alkuaikoina, mutta aikaa myöten niitäkin alkoi tulla.

Ensimmäinen traktori meillä oli Pikku-Valmet. Eipä siinä juuri tehoja ollut. Hitaasti sillä kävivät peltotyöt, mutta heinän niitossa se oli nopea.

Televisio oli alussa kolmessa talossa, Känsäkankaalla, Peltoniemellä ja Pöytäsaarella. Meillä ei ollut ja kävimme alussa naapurissa katsomassa. Vähitellen niitä kuitenkin alkoi olla lähes joka talossa.

Postiauto ajoi Perhosta 1960-luvulla ja samoin linja-auto kulki Mökälän kautta. Niillä pääsi asioimaan Perhoon tai Kinnulaan.

Mökälän koululaisia vuonna 1958, etualalla opettaja Kaija Holstikko. Kuva: Korven perheen albumi.

Maamiesseura järjesti kesäisin kesäjuhlia. Oli urheilukilpailuja ja neljän tien risteyksessä tanssilava, jossa pidettiin kesäisin tansseja kesäjuhlien yhteydessä. Siellä soitti veljeni Esko viulua ja myös Jorma Tastula sekä Armas Peltoenimi osasivat soittaa. Eskolla oli niin ikään oma orkesteri, joka soitti eri tilaisuuksissa lähiseudulla. Perhostakin kävi joku yhtye Mökälässä soittamassa.

Jos ei jollain kertaa ollut yhtyettä, Myllymäen Väinöllä oli pitkät roikat ja hänen talostaan vedettiin johdot tanssilavalle radioon, jossa oli levysoitin. Niin tanssitiin niiden tahdissa.

Tämä entinen asuntosauna on toiminut historiasssaan monena eli Korven asutustilallisen perheen asuntona ja sittemmin mm. opettajien kortteeripaikkana. Nyt se toimii lähinnä saunana. Kuva: Korven perheen albumi.

154

Keijo Känsäkangas ja Jari Känsäkangas

Talkoot ja naapuriapu olivat kunniassa

Muutimme Mökälään, kun minä (**Keijo**) olin viisivuotias. Muistan hyvin. Ei ollut mitään teitä silloin sinne, jonkunlaista kapulaporrasta oli pitkän matkaa. Nevat olivat pehmeitä, ei niillä voinut kulkea.

Kun taloa ja muita rakennuksia rakennettiin, tavaroita pystyttiin tuomaan Salamajärvelle saakka, jonne oli tie. Siitä piti sitten tuoda paljolti kantaen, hellat, tiilet ja muut. Meillä oli iso joukko talkoomiehiä.

Muutenkin paljon autettiin toisia tekemällä talkoita. Joskus tuntui siltä, että joku suuttui, jos ei ollut huomattu käskeä talkoisiin. Niin tärkeänä pidettiin naapuriapua ja haluttiin auttaa toisia.

Lastenkin piti osallistua kaikkeen sen mukaan, miten jaksoi. Minäkin olin kantamassa päreitä, vein niitä katolle miehille avuksi. Lapsi oli sukkela viemään. Ei miesten tarvinnut tulla alas niitä hakemaan.

Jari jatkaa:
Kävimme koulua Korven talossa. Siellä alakerrassa oli ala- ja yläluokille oma huone. Eipä se koulunkäynti kovin mieluisaa ollut. Semmoinen asia sieltä jäi erityisesti mieleen, kun oli rokotukset.

Silloin kaikkien piti vaan laskea housut alas ja muut jonossa seisoivat ja odottivat vuoroaan. Ei opettaja ja terveyssisar ajatelleet, että tuntui hankalalta olla siinä kaikkien nähtävänä takapuoli paljaana. Olihan ne muutkin samalla tavalla, mutta olisi sen voinut varmaan voinut järjestää jotenkin muutekin. Olisi voinut olla joku sermi, jonka taakse olisi menty rokotettavaksi. Ei se paljoa olisi vaatinut. Semmoista ei varmaan kukaan tullut ajatelleeksi, ei lasten tunteita ja ajatuksia huomioitu ollenkaan.

Mökälän koulu loppui vuonna 1965. Oltiin sen takia lakossakin, että koulu säilyisi, mutta eipä siitä apua ollut.

Koululle puuhattiin jossain vaiheessa aiemmin myös omaa rakennusta siihen neljän tien risteykseen. Oli siitä kai joku delegaatio isäntiä, joiden piti mennä asiasta puhumaan lääninhallitukseen tai jonnekin korkeampaan instanssiin. Sillä kertaa oli kuulemma päättynyt isänniltä Kokkolan houkutuksiin se reissu.

Vapaa-aikana menimme koulun pihalle pelaamaan pesäpalloa ja muita pallopelejä. Usein sillä oli muitakin poikia. Niin ikään käytiin kalastamassa, ongella. Myöhemmin tuli myös metsästys.

Paljon lapsena oltiin vapaa-aikoina ulkona, talvella hiihdettiin.

Kyläiltiin myös. Silloin oli sellainen systeemi, että lasten piti olla hiljaa ja aikuiset puhuivat. Kahvipöytään menivät aikuiset ensin ja lapset vasta sitten. Nykyäänhän se on toisin eli kaikki pääsevät kylässä kahvipöytään oli lapsi tai aikuinen.

Maamiesseura järjesti tupailtoja, joihin lapsetkin saivat tulla mukaan. Siellä oli erilaista ohjelmaa, oli rento ja mukava tunnelma. Ne olivat alkoholittomia tilaisuuksia. Sen vuoksikin kai lapset saivat osallistua.

Naapuriapua oli myös. Oltiin talkoissa ja autettiin esimerkiksi heinän-teossa, perunan nostossa ja muissa hommissa. Erilaista yhteistoimintaa oli paljon eli annettiin apua, jos toinen tarvitsi.

Kauppa oli alussa Saariketun pihatuvassa. Sitten myöhemmin Toivo Ronkainen perusti myymälän neljän tien risteykseen ja tuli siihen Myllymäen kioskikin.

Kauppa oli kylän keskus ja siihen oli laitettu joulun aikaan ulkopuolelle kuuseen värikkäitä lamppuja. Eihän niitä missään sellaisia muilla ollut. Ne näyttivät niin hienoilta.

Semmoinen yksi juttu on jäänyt mieleen, kun eräs isäntä oli semmoinen kovin laiha ja hän ajeli traktorilla, niin syksyllä kuin talvella karvalakki syvällä päässä. Ei juuri kasvoja näkynyt, lakki meni niin syvälle päähän. Se oli jotenkin hassun näköistä. Hän osti kioskilta aina noin viiden sentin pätkän lauantaimakkaraa tai gotleria ja olutpullon. Se oli hänen vakituinen ostoksensa.

Erilaisia kulkijoitakin kävi kylällä. Sellainen Pentti Moilanen -niminen mies oli meillä ja Korvella joskus ojahommissa. Samoin oli mustaksi Viljamiksi kutsuttu mies Perhosta. Molemmat olivat kovia tekemään töitä.

Monet näistä kulkijoista olivat yleensä hyviä tarinankertojia ja niitä juttuja mielenkiinnolla me lapsetkin kuuntelimme. Muistan, kun yksi näistä sanoi, että kyllä vielä kuuhunkin mennään ja minä menen ensimmäisenä. Se oli meistä tosi ihmeellistä, eikä silloin tiedetty vielä mitään Gagarineista tai muista avaruuslentäjistä tai kuunkävijöistä.

Romaneita kävi myös kieseillään ja olivat joskus meilläkin yötä, sauna-mökissä. Sitten oli työmiehiä ja kortteerimiehiä välillä.

Kerran olimme Kalevin kanssa kahdestaan, kun romanit ajoivat pihaan. Heitä oli kolme kärryllistä. Äkkiä panimme oven lukkoon. Meillä oli kotona starttipistooli ja me pojankossit ajattelimme vähän romaneja pelästyttää. Emmehän me sitä osanneet arvata, että kun posautimme starttipistoolilla ikkunan raosta, niin hevoset vauhkoontuivat, ettei niitä tahtonut millään saada asettumaan. Mekin siitä ihan säikähdimme.

Maatalouteen saatiin pikkuhiljaa koneita, ensimmäiset traktorit. Niin hankittiin myös televisioita, niitä oli ensin meillä, Peltoniemellä ja Pöytäsaarella. Friisin Heikki Kokkolasta niitä kävi kaupittelemassa. Meidän perältä kävi sitten meillä väkeä televisiota katsomassa. Laitettiin penkkejä ja oli vähän kuin teatterissa olisi istuttu. Eihän sieltä paljon mitään alussa tullut. Teija Sopanen oli siihen aikaan kuuluttajana ja jotain Suomi-tv:n alkuaikojen ohjelmia näkyi. Vähitellen televisioita tuli muihinkin taloihin.

Viljat laitettiin kuhilaille kuivumaan. Puimakoneita alkoi tulla joihinkin taloihin 1960-luvulla ja niillä vilja puitiin naapureissakin. Kuva: Pro Agrian arkisto.

Taisto Tattari kertoo:
Kyläyhteisössä autettiin toinen toisiaan

Meidän porukka asui aluksi Salamajärvellä ja muutettiin 1950 Mökälään. Siinä kotipaikalla oli ensin saunamökki ja vuonna 1952 rakennettiin talo.

Kansakoulu oli alussa Pöytäsaaren talossa ja siirtyi sitten Korven talon alakertaan. On jäänyt siitä mieleen kertotaulujen opettelu. Niitä piti tankata ja osata ristiin rastiin. Jos ei osannut, jäi arestiin. Ja joskus tuli laiskanläksyjä. Niin ne viimein opittiin.

Yhtenä vuonna oli pojilla harrastuksena tussareiden valmistus. Valmistettiin puusta pieniä pyssyjä, joihin leikattiin pyöränrenkaista lenkkejä. Niillä laitettiin tussariin jännitys päälle. Näin niillä pystyttiin ampumaan. Kerran yhdellä pojalla oli jäänyt tussariin jännitys päälle ja hän raplasi taskuaan.

Silloin tussari laukesi ja veri vaan tursusi pojan sormista. Opettaja huomasi sen, mutta ei hän siitä vihainen osannut olla. Hoiti vaan sen kuntoon ja laittoi jotain sidettä. Ehkä se oli opetuksenakin, ettei niitä niin taskuun enää jätetty, ei ainakaan viritettyinä.

Kun siellä asutustilallisia oltiin, olivat kaikki jotenkin kuin samalla viivalla. Kaikilla oli vähintään yhtä kovaa. Olihan tosin joitain, jotka olivat olevinaan vähän jotenkin parempia. Kyllä jonkin verran kiusattiinkin. Hyvin elämä yleisesti ottaen sujui, vaikka tiukkaakin välillä oli.

Sellainen tapaus tulee mieleen, kun isähän sairasti paljon siihen aikaan, kun me olimme vielä pieniä. Hänellä oli keuhkon laajentuma ja selkä kipeä. Meillä ei ollut hevosta ja me pojat yritimme hommata puita tuvan läheltä. Eiväthän ne mihinkään riittäneet. Oli talvi ja olisi pitänyt saada taloa lämmitettyä. Isä ja äiti olivat uskovaisia ja olivat rukoilleetkin, että jotain apua siihen tilanteeseen saataisiin.

Niin Salmen Reino oli kaupalla käydessään kuullut, ettei meillä ollut puita. Hän oli juuri hakenut suuren halkokuorman metsästä ja toikin sen meille. Ja miten ollakaan, kyllä meillä hämmästys oli suuri, kun hän hevosella kuormineen tulee. Vanhemmat ajattelivat sen olleen vastaus rukouksiin.

Isä kävi lääkärissäkin niiden vaivojen takia, mutta tämä oli sanonut, että eivät ne siitä enää parane. Meillä oli usein naapureista miehiä auttamassa. Salmen Valde oli ja Kannisen Onni joskus. Samoin Salmen Erkki ja Rauni. Niin ikään Salmen Olavi ja muut miehet olivat usein meillä auttamassa, heinätöissä ja muissa töissä, kun me olimme vielä aika pieniä siihen aikaan.

Myöhemmin Olavi (Salmi) hommasi minulle ja veljelleni myös metsätöitä, kun hän oli metsätyönjohtajana Kivijärvellä, Länttä-Tenholassa. Näistä kaikista asioista on jäänyt lämmin muisto.

Sitten, kun olimme vähän varttuneet, olimme puolestaan auttamassa Korven Eliasta, kun hän sairasteli. Vastineeksi saimme lainata hevosta, mikä helpotti meidän omia hommia.

Nuorena piti lähteä meidänkin ansaitsemaan jo lisäansioita, koska ei kotitilasta riittävästi tuloja tullut. Yhtenä kesänä, joskus 16-17 -vuotiaana, olimme Luodon saaristossa metsätöissä naapurin miehen, Känsäkankaan

Tattarin talo 1950-luvun alussa. "Myöhemmin karuun pihaan tuli erilaisia istutuksia. Isä niitä istutteli. Hänellä oli viherpeukalo ja naapureistakin ihasteltiin pihapiiriä", kuvan lähettänyt Helena Tattari kertoo.

159

Erkin kanssa. Pieni laiva kuljetti meitä sinne ja viikot oltiin töissä. Nukuimme pienessä hytissä, jossa oli hirveästi hyttysiä. Jotenkin kuitenkin sinniteltiin. Viikonlopuksi tultiin kotiin.

Mökälässä oli joissain perheissä isompia poikia, jotka järjestivät meille pienemmille urheilukilpailuja. Se oli mukavaa hommaa. He olivat myös hankkineet pieniä palkintoja ja oli iso asia, jos sattui niitä saamaan. Kerran voitin yhden juoksukilpailun, vaikka juoksin paljain jaloin ja muilla oli juoksutossut tai piikkarit. Olin nopea.

Siitä jäi mieleen mukavia muistoja, kun nämä vanhemmat pojat tällaisia järjestivät. Ei ollut vaan työtä, vaan jotain muutakin. Pysyy jotenkin jonkinlainen inhimillisyys asioissa.

Tansseissa käytiin niin ikään, niitä oli Mökälässä, mutta joskus ajettiin pyörällä Kinnulaan, Ruuhilahteen.

Välittömiä oltiin siihen aikaan ja naapureissa käytiin, mentiin vaan eikä sen kummemmin ennalta ilmoitettu. Korvellekin mentiin ja opeteltiin paha tapa eli tupakoimaan. Siellä oli pojilla oma huone, joka oli monesti savua täynnä. Kerran Aune (perheen äiti) tuli sinne, mutta ei siitä muistaakseni sen kummempaa tullut.

Semmoinen muisto on myös, että Känsäkankaan Lahja toi usein meille lämpimäisiä, kun oli leiponut. Se tuntui mukavalta.

Erilaisia kulkijoita liikkui siihen aikaan. Yksi tinuripariskunta kävi säännöllisesti. He tinasivat kuparipannuja ja ihan hyvää työtä tekivät. Joskus he jäivät yöksi.

Kulkijoita olivat lisäksi eräs Tumelius ja Moilasen Pentti. He kulkivat töissä eri taloissa. Koppa-Pekka eli Pekka Kivelä kulki niin ikään, hän samoin kuin isänsä Jaakko olivat hyviä pärekorien tekijöitä. Liimataisen Viljami oli Perhosta ja kulki töissä, hän oli kova työmies. Semmoinen Pikku-Nikolai kulki taloissa ja teki erilaisia töitä.

Romaneita kulki tuohon aikaan kylillä. He olivat kovia vaihtamaan hevosia tai tekemään hevoskauppaa. Kerran Salmen Valde vaihtoi heidän kanssaan hevosensa, Roima-nimisen. Kun hän sitten kokeili vaihdettua hevosta niin, hän huomasi, ettei se niin hyvä ollutkaan kuin oli kehuttu. Hän haki omansa takaisin. Hän teetti sillä hevosella varsankin ja se käveli aina emänsä rinnalla.

Meillä ei ollut ensimmäisten joukossa televisiota, mutta naapurissa Känsäkankaalla oli. Sinne mentiin katsomaan muun muassa Bonanzaa.

Naapuruksia, Elias Korpi, Erkki Känsäkangas ja Heikki
Tattari. Kuva: Helena Tattarin albumi.

Se oli jännittävä lännenohjelma, jossa olivat hyvät ja pahat lännen
miehet vastakkain. Erkki-isäntä katsoi ohjelmaa meidän kanssa ja
tuolistaan melkein nousi ylös, kun piti hyvän puolta ja sanoi: "Ammu jo."
   Kotona oli ajokoira ja joskus saimme jäniksen - tai linnunliha ruoan
lisukkeeksi.
   Muistan kun perheemme nuorimmainen Heikki syntyi. Salmen Aili
oli kätilöihminen eli oli usein auttamassa synnytyksissä. Niin hän oli
nytkin meillä. Hän käski meidät portaalle istumaan ja sanoi kutsuvansa,
kun lapsi on syntynyt. Siellä me istuimme, kunnes kuului lapsen itku.
Niin Aili tuli kutsumaan meitä sisälle. Heikki on ollut aina rakas
silmäterä, nuorimmainen.

Kun kylällä oli häitä, sinne kokoonnuttiin isolla porukalla. Muistan semmoisen tapauksen, että me pojat olimme häätalon lähellä tiellä seurailemassa tapahtumia. Katsoimme, kun isännät kävivät vaivihkaa metsän puolella ottamassa jostain salakätköstä napantereita. Kun ilta eteni, joku oli jo humalassa ja napanterinhakumatkalla rojahti siihen tien ojaan, jossa oli vettä. Hän kastui edestä ihan märäksi. Ei siinä kyllä uskallettu nauraa ääneen, vaikka mieli olisi tehnyt.

Eräs tapahtuma on jäänyt niin ikään mieleen. Yksi asutustilallisen perhe oli muuttanut muualle ja sihen taloon asettui nuori pari jatkamaan tilanpitoa. Olin siellä joskus töissä ja ihailin kovasti nuorta isäntää. Hän oli rauhallinen ja mukava, minulle eräänlainen idoli.

Hänellä oli tilallaan kotitarvikemylly, jonka hän suunnitteli myydä tai oli kaupat jo tehty. Hän päätti kuitenkin vielä kokeilla sitä, ennen kuin se haetaan pois. Kun hän laittoi traktorin käyntiin, joka käytti myllyä, tämä mylly jotenkin hajosi. Siitä lensi sirpaleita ympäriinsä. Yksi osui hänen rintaansa. Naapurista Myllymäeltä haettiin auto häntä viemään sairaalaan, mutta hän menehtyi matkalla sisäiseen verenvuotoon. Se oli kauhea uutinen, kun sen kuulin.

Olin hautajaisissa. Mieleeni on jäänyt tuon nuoren isännän isän katse, kun arkkua laskettiin hautaan. Siinä meni hänen ainoa lapsensa, ottolapsi hän oli. Heillä ei omia ollut, hänellä ja vaimollaan. Joskus vieläkin mietin, miksi noin piti käydä. Edelleen tuo tapahtuma järkyttää, kun sitä ajattelen.

Heinätöitä tehtiin, paitsi omalla väellä myös talkoilla. Kuva: Leena Viinikaisen albumi.

Pirkko Venetjoki (Tastula)
"Mökälästä on jääneet hyvät muistot"

Olin 3-vuotias, kun muutettiin Mökälään ja n. 13 vuotta, kun muutimme sieltä Toholammille. Mökälästä on jäänyt hyvät muistot, elämä oli sopuisaa ja kyläläiset olivat hyvissä väleissä keskenään.

Minun sisarukseni asuvat kaikki tahoillaan: Järvenpäässä, Jyväskylässä, Toholammilla, Kannuksessa ja minä Halsualla. Elämä on kohdellut hyvin kaikkia ja aina kun tavataan, niin Mökälän muistot on yhtenä puheenaiheena. Suku on kasvanut niin, että Hildan ja Jorman lapsia ja lapsenlapsia puolisoineen sekä lapsenlapsenlapsia on yhteensä 59!

Äiti nukkui pois jo vuonna 1987 ja isä vuonna 2006.

Äiti ja isä ja kaksi lasta muuttivat Kaustiselta Mökälään vuoden 1950 keväällä. Kulku tapahtui pitkospuita ja polkuja pitkin, mukana oli sukulaismiehiä apuna tavaroiden ja lasten kantamisessa. Samat miehet olivat myös rakentamassa taloa.

Rakennustarvikkeita isä haki jalkaisin Salamajärveltä joskus jopa kaksi kertaa päivässä. Mökälässä oloaikana syntyi vielä 4 lasta lisää vuosina 1951 - 1958, ensimmäisen syntymä tapahtui, kun ei ollut teitä. Isä lähti hakemaan kätilöä Kinnulasta ja mennessä kävi pyytämässä naapurin emäntää apuun. Lapsi syntyi kuitenkin ennen kätilön tuloa ja kaikki meni hyvin.

Kun Mökälään ei vielä ollut tietä, oli ylitettävä soita ja vesiä. Perhon suunnassa vasta Salamajärvellä oli tie. Tässä Erijärven nevaa. Kuva: Heikki Salmi.

Lapset olivat pienestä asti mukana kaikissa töissä apuna. Keväällä kerättiin juurakoita pelloilta ja heinätöissä oltiin haravoimassa. Isällä oli moottoripyörä, jolla kesäaikaan tehtiin kyläreissuja. Talviaikaan kyläilyt tehtiin hevosella, istuttiin reessä vällyjen alla.

Samalla kylällä asui useita perheitä, jotka olivat muuttaneet samoihin aikoihin ja osa oli myös sukulaisia. Kyläilykulttuuri oli siihen aikaan voimissaan. Isä oli soittomiehiä, soitti viulua, harmoonia ja kannelta ja soittajia oli niin ikään tuttavissa, joten soittoa harrastettiin aina kun kyläiltiin.

Kesäaikaan järjestettiin joskus kesäjuhlia kylän keskustassa ja tanssilavakin oli rakennettu lähistölle. Kesäjuhlilla harrastettiin perinteisesti nuolenheittoa ja jotain urheilulajeja. Ruokaa tarjottiin ja tietenkin kahvia. Osallistujia tuli muualtakin, lähinnä sukulaisia ja tuttavia.

Mieleemme ei jäänyt mitenkään, että jostain olisi ollut puutetta. Ruokaa ja vaatteita ja kaikkea tarpeellista oli riittävästi. Äiti ompeli lapsille vaatteet sen ajan tavan mukaan. Eräs opettaja oli pyytänyt avustuksia kylän lapsille vaatteiden ja kenkien muodossa, joita hän sitten jakoi lapsille koulussa (vastaanottajat eivät olleet avun tarpeesta aina samaa mieltä).

Koulua käytiin Korven talon alakerrassa. Kouluun mentiin jalkaisin ja talvella hiihtämällä. Opettajat vaihtuivat usein ja jotkut olivat tämänpäivän mittapuun mukaan epäpäteviä.

Mökälästä me muutimme Toholammille toukokuussa 1961, kun isän oli siirryttävä viljelemään vanhemmilta ostamaansa tilaa.

Lehmiä oli tiloilla vaihteleva määrä, joissain pari, joissain enemmän. Kuva: Pro Agria.

Teuvo Tunkkari
Hallanarkaa oli seutu, jolle rakennettiin

Olin yhdeksänvuotias, kun perheemme muutti Mökälään asutustilalle. Se oli vuonna 1951. Meitä oli viisi lasta.

Maata tilalle raivattiin 16 hehtaaria ja tehtiin asuintalo ja muut rakennukset. Alussahan oli joka talossa vain saunakamari tai asuntosauna, jossa asuttiin. Meillä oli Kaustiselta Peltoniemen veljekset auttamassa ja oli muitakin.

Pellot tehtiin selvään nevaan. Osin oli valtion pillarit vetämässä isompia veto-ojia, mutta paljon tehtiin itse.

Se oli hallanarkaa seutua ja vilja paleltui lähes joka vuosi. Samaa taisi olla muillakin. Ei sitä kovin kauaa sitten kukaan jaksanut. Meidän pellot olivat niin soisia ja pehmeitä, että hevosella piti olla suokengät, muuten se olisi painunut sinne. Johonkin naapuriin hankittiin traktori ja sieltä oltiin meillä joskus auttamassa. Meille ei traktoria ehditty hankkia, kun muutimme jo pois.

Alussa Mökälään ei ollut edes tietä. Muistan kun ensi kerran menimme sinne ja minä myös vein mukanani rakennustarvikkeita, kattohuoparullaa. Kaikki sinne kannettiin, kun tietä ei ollut. Kun tulimme rakennuspaikalle, siellä olivat Peltoniemen veljekset raivanneet sinne koivukujan, ottaneet pienen tauon ja soittivat keskellä korpea viululla. Heillä oli rakennustalkossa viihdykkeenä viulutkin.

Olihan se melko erilaista aikaa sodan jälkeen. Silloin tehtiin niin nuorena erilaisia hommia, että nyt jälkeen päin miettii, miten niitä osasi ja sai tehdä.

Minäkin ajoin 13-vuotiaana puukuormaa. Ei sitä silloin ajatellut. Tehtiin, mitä vain pystyttiin, lapsetkin. Ei siinä vanhemmat tainneet paljon edes kysyä vaan sanottiin, tee tämä tai tuo. Ja oli opittu tekemään.

Kylällä kävi siihen aikaan erilaisia kulkijoita. Vetelistä kulki Tikkakosken Oiva, joka oli hyvä tekemään länkiä. Niin ikään oli joskus kortteerimiehiä tai työmiehiä.

Meillä oli pari romania puunajossa kerran jonkin aikaa. Heidän nimensä olivat Pekka ja Molo. Molo ei varmaankaan ollut oikea nimi, mutta hän oli saanut sen kai siitä, kun puhui hieman epäselvästi. He ajoivat puuta, mutta Pekka osasi myös korjata länkiä.

165

Kerran muistan, että kun he tulivat ajosta, Pekka tuli sisälle laittamaan ruokaa. Hän keitti kahden litran kattilan hernekeittoa. Molo oli laittamassa hevosta talliin.

Kun sitten häntä ei kuulunut sisälle, Pekka meni vuorostaan hevosta hoitamaan. Molo tuli sisälle ja söi koko kattilallisen hernekeittoa sillä välin. Pekalle ei jäänyt mitään. Molo oli kuitenkin suuri mies ja hänellä oli töiden jälkeen varmaankin kova nälkä.

Vapaa-ajan harrastuksista sen verran, että olin kova urheilemaan ja juoksin kilpaa. Juostiin Salmen Olavin kanssakin samoissa piiritason kilpailuissa, mutta en hänelle pärjännyt.

Kesäisin oli Mökälässä lavalla myös tansseja ja siellä käytiin. Jos ei ollut orkesteria, Myllymäen Väinön talosta vedettiin roikka ja tanssittiin levyjen tahdissa.

Yksi hauska juttu tuli mieleen sieltä. Eräs kylän pojista oli kookas tai nuorukainen hän jo silloin oli. Hänellä oli myös iso kengännumero. Hän oli mennyt kyläkauppaan ja kysynyt, että mahtaako siellä olla kumisaappaita poikasten kokoa. Hänellä oli 47 numeron kenkä.

Armeijasta pääsin 1962 ja siitä sitten pian muutin Kokkolaan. Niin meidän perhekin muutti Mökälästä pois.

Mökälä oli hallanarkaa seutua ja usein varsinkin viljasato paleltui. Kuva: Anita Salmi.

166

Pirkko Kauppinen (Varvikko) muistoja
Paljon työtä, mutta myös yhteisöllisyyttä ja naapuriapua

Meidän Mökälään muuttomme oli keväällä 1949. Menimme Halsualta ja edelleen Lehtosen kautta Sääksjärvelle ja sieltä uudelle asutustilalle. Minä olin silloin vasta 2-vuotias.

Siellä oli muutettaessa vain pikkumökki ja vähitellen tehtiin muut rakennukset. Nykyisellä paikalla on enää isotupa. Alussa valaistukseen käytettiin öljylamppua, mutta sähköt saatiin 1957.

Maantietä ei silloin alussa vielä ollut, piti kulkea osin vesiä pitkin ja osin kävellen sinne. Isä oli kuulemma joutunut kantamaan hellankannenkin sinne.

Ne olivat kylmiä tiloja, uudistiloja ja pellot piti sinne raivata. Maanviljelystä oli ja niin ikään tehtiin metsätöitä. Kun vartuin olin isän kanssa karsimassa puita.

Meillä oli karjaa, lehmiä, kanoja ja kissat. Oma nimikkolehmä oli rakas. Kun sen sitten joutui viemään teurasautolle, se oli tosi surullista.

Alkuaikoina meillä oli käsikäyttöinen separaattori, jolla erotettiin kerma maidosta. Kirnulla puolestaan valmistettiin voita. Vähän myöhemmin alkoi meijeriauto kuljettaa maitoa meijeriin.

Siellä Mökälässä oli meidän muuttaessa ennestään muutamia tiloja ja väliin tuli sellainen olo, että ei meitä uudisasukkaita olisi haluttu sinne, vaikka eivät ne keneltäkään olleet pois, ne maat. Paljon työtä niissä oli.

Kun aloitin koulun, se oli ensin muutaman vuoden supistettu koulu. Sitten tulivat normaalit kouluajat. Koulu oli Korven talon alakerrassa. Siellä oli parhaimpina aikoina yli 60 oppilasta. Oli alaluokat ja yläluokat omissa tiloissaan. Koulussa saatiin lämmin ruoka, mutta voileivät ja maitopullo tuotiin kotoa.

Koulussa oli joulu- ja kevätjuhlia ja myös aina äitienpäivänjuhlat. Koulun juhlissa oli usein erilaisia näytelmiä ja oli mukava olla niissä. Tykkäsin niistä paljon.

Siihen aikaan kyläiltiin toisissa eikä ennalta ilmoitettu, mentiin vaan käymään. Aina oli kuitenkin naisilla joku käsityö, kuten sukankudin mukana.

Naapurit auttoivat toisiaan, esimerkiksi kattotalkoissa ja viljanpuinnissa. Jos tarvitsi jotain lainaa, haettiin naapurilta. Kesäisin tehtiin usein viiliä ja jos ei itsellä sattunut olemaan viilinsiementä, sitä haettiin naapurista.

Kylällä pidettiin niin ikään kesäjuhlia. Oli urheilukilpailuja ja iltaisin tanssit lavalla, neljän tien risteyksessä. Niissä tuli käytyä.

Talvella hiihdettiin, oli koulujen välisiä kilpailujakin. Muistan, kun kerran olin sellaisissa hiihtokilpailuissa ensimmäisellä luokalla. Siellä oli ladun varrella merkkeinä kauniita kreppipapereita. Ne olivat minulle jotain uutta ja ihastelin enkä oikein taitanut edes muistaa, että olisi pitänyt kilpailla. Kun tulin maaliin siellä kunniakuja hurrasi, vaikka en kai kovin hyvälle sijalle tullut. Se oli minusta kuitenkin hauskin hiihtokilpailu, missä olen ollut.

Kesäisin uitiin. Siinä lähellä oli uimavesiä. Juhannuksen aikaan oli aina juhannuskokko Sääksjärven rannassa. Siellä järvellä usein myös soutelimme Sääksjärven Mairen kanssa, joka oli siitä lähinaapurista.

Äiti oli hyvä ompelemaan ja hän teki meille vaatteita. Muistan kerran, että hän ompeli minulle tosi hienon leningin, joka oli taftia tai jotain silkintapaista, kukallista kangasta. Muistan vieläkin, millainen se oli. Se oli niin kaunis.

Kulkijoita kävi joskus siihen aikaan. Pikku Nikolaiksi kutsuttu mies kierteli kylässä. Hän oli pienenlainen, aika tumma mies. En tiedä, mistä hänen nimensä oli, oliko hän tullut jostain Venäjältä. Niin ikään kulki kaupustelijoita. Palokin Ville, sellainen vanhempi mies, joka asui siinä lähellä Nielujärvellä, tapasi myös käydä joskus meillä kylässä.

Isä osti meille auton vuonna 1956, se oli nimeltään Ifa. Myös traktori hankittiin.

Kun aikuistuin ja menin naimisiin, muutin mieheni kanssa Etelä-Suomeen vuonna 1967 ja muutaman vuoden päästä tuli muu perhe.

Entinen kotipaikka Mökälässä on meillä kesäpaikkana ja siellä tulee käytyä kesäisin. Mieheni on kotoisin Kinnulasta ja sielläkin on mökki eli aikaa vietetään näillä seuduin kesäisin.

Ensio Stenmanin muistelot
Kotoa sai hyvät eväät elämää varten

Stenmanin kotitila:

Tilalle muutettiin Kaustiselta. Tilalla oli 7 hehtaaria peltoa ja koko tila olio n. 160 hehtaaria. Tila myytiin kylän vanhimpien sukujen edustajalle, Ensio Polvilammelle.

Maaseutuelämää ja työhön heti kun siihen kykeni

Elämä isä Einon ja äiti Martan hoivissa oli todella antoisaa. Tekemistä riitti ja oppi aivan kaikki mitä elämässä on tarvinnut, ei jäänyt peukalo keskelle kämmentä. Aina työt ja koulu ensiksi, sitten vasta kalaan. No ehkä sekin oli työtä, koska kalaa tuotiin kotiin kaikille syötäväksi.

Maanviljelys Mökälässä oli monesti Luojan käsissä. Rahaa pantiin paljon peltoihin, samoin kuin lukemattomia työtunteja. Kaurat, rukiit ja heinät kasvoivat hyvin, mutta halla vei useimmiten kaiken. Sitten piti kuitenkin kaikki ihmisten ja eläinten ruoka hankkia rahalla. Eleltiin pitkälti metsärahoilla, kun halla vei sadot. Lisäksi saatiin metsä-hakkuutöitä, jonka palkalla ostettiin pollelle ja lehmille heinää ja kauroja. Onneksi saatiin hyvin kalaa, riistaa ja marjoja sekä porkkanoita, nauriita, perunoita ja punajuuria. Niistä saatiin tarvittavat vitamiinit, että jaksettiin tehdä kovasti töitä.

Kaivettiin koulun jälkeen juurakoita pellosta kasalle, jotka poltettiin. Tehtiin kaikkia peltotöitä, polttopuita talveksi, hevoset hoidettiin ja vietiin lehmät laitumelle. Isä ei koskaan kysynyt osaatko, kun käski tekemään jotakin. Täytyi itse miettiä miten teki ja se oli hyvä asia.

Kyllä naapuriin kylään tulokin tehtiin aivan toisella tavalla, kun nykyään. Kylään vaan tupsahdettiin ilmoittamatta. Joskus, kun herättiin aamulla, niin naapurin isäntä Julius Korpi istui jo takanotsalla ja veti sikaria. Hän oli laittanut jo hellanpesään valkeat ja kahviveden kiehumaan valmiiksi talonväen herätessä.

Kyläkauppa oli neljäntien risteyksessä, siellä kylän ihmiset tapasivat toisiaan päivittäin. Kaupasta sai lamppuöljyt, ruokatarvikkeet ym.

Vielä 1950-luvulla niitettiin monissa paikoin käsin. Myöhemmin tuli hevosvetoisia maatyökoneita. Pitkään esimerkiksi vilja kuitenkin niitettiin, vaikka traktoreita alkoi jo olla. Kuva: Leena Viinikaisen albumi.

Sokeritoppakin oli, mistä leikattiin pienempiä palasia. Jauhot olivat vetolaatikoissa. Lauantaimakkaraa tai sipuliteemakkaraa sai niin ikään. Sitä voi ostaa tankoina tai kauppias leikkasi niistä semmoisen palan kuin tarvitsi. Kyläläiset poimivat syksyisin marjoja. Puolukat ja lakat myytiin kauppaan ja kylällä oli yksi perhe, joka osti marjarahoilla jopa upouuden auton.

Tekniikan kehitys

Muistan, kun isä ja vanhemmat veljet kaatoivat isoa kuusta justeerilla ja pokasahalla. Sitten tuli moottorisaha, joka oli tosi painava. Sitä ei jaksanut kantaa kuin vanhin ja riskein veli. Sillä kaadettiin puu ja kirveellä karsittiin. Vuosi vuodelta moottorisahat pienenivät ja kevenivät. Myöhemmin pikkuveli Ensiokin jaksoi pitää moottorisahaa.

Hevonen oli tärkeä apu metsätöissä vielä 1950- ja osin 1960
-luvulla. Kuva: Leena Viinikaisen albumi.

Meillä oli 7 hehtaaria maata. Traktori oli pikku Valmet, jonka perässä oli yksisiipinen aura, jolla käännettiin maat. Myöhemmin tuli Zetor 25, jossa oli jo kaksisiipinen aura perässä, joten homma kävi huomattavasti nopeammin. Sen jälkeen tuli iso Valmet, jonka perään sai kolmesiipisen auran ja homma kävi vielä joutuisammin. Pojat ajelivat pikku Valmetilla Jängälle tansseihin, traktori jätettiin vähän ennen tanssipaikkaa hiekkamontulle, etteivät tytöt nähneet, millä tultiin paikalle.

Ensio kävi kääntämään suurimalla traktorilla kodin maat ja naapureidenkin maat. Maat olivat kosteita ja puunjuuria täynnä. Traktori upposi ja jäi kiinni suohon, mutta Ensio laittoi rattaan alle puita ja kettingin kanssa sai traktorin ylös. Työ oli vaikeaa ja raskasta.

Puimakone toimi remmillä traktorin avulla, sinne syötettiin käsin lyhteet ja puimakone pui jyvät.

Valona kodissa ja navetassa olivat öljylyhdyt, jotka täytettiin joka ilta ennen pimeän tuloa. Vain isä sai huoltaa lamppuja, jotta ne olivat kirkkaat ja ne oli kylän parhaat lamput. Muut eivät saaneet niihin koskea.

Radio toimi aluksi vain pattereilla. Siitä ei saanut kuunnella muuta kuin uutiset, Pekka Lipposen ja Kalle Kustaa Korkin seikkailut, Markus sedän terveiset ja Lauantain toivotut ja iltahartauksen.

Suksilla kuljettiin kouluun, kauppaan ja kaikkialle. Myöhemmin saatiin Raimon, Keijon, Markun ja Pekan kanssa polkupyörät, joilla päästiin kouluun parin kilometrin päähän. Myöhemmin ajettiin niillä myös tansseihin, 15 km suuntaansa. Ihan huippua oli, kun lopulta Ensio sai hankittua mopon metsänhakkuupalkoilla. Kylälle tuli Varsova-taksi, jolla sitten porukalla ajeltiin. Yhdessä kun maksettiin ei matkan hinnaksi tullut paljonkaan Pekkaa päälle.

Hevosreellä ajettiin tyttöjä katsomaan 8 km:n päähän Salamajärven kylälle, jossa oli paljon nättejä tyttöjä, Harjun ja Lampuotin tyttöjä ym. Kerran kävi näin, että jätettiin hevonen ensimmäiseen taloon puuhun kiinni, heinäpussi eteen ja siitä lähdettiin kattelemaan tyttöjä ja leikkimään piirileikkejä. Pideltiin tyttöjä kädestä ja katseltiin kuutamoa.

Pois tullessa talon vekkuli isäntä oli päästänyt hevosen vapaaksi. Pojat joutuivat kävelemään koko 8 km kotiin jännittäen, onko hevonen mennyt kotiin, vai mihin se on mennyt. Matkalla pojat ehtivät pitkään pelätä, minkälainen selkäsauna saadaan, jos hevonen ei löydy.

Kaikeksi onneksi hevonen oli tallin takana kotona odottamassa. Ensio laittoi hevoselle talliin heinää ja vettä ja meni hyvillä mielin nukkumaan ajatellen mukavaa iltaa tyttöjen kanssa. Se rauhoitti mukavasti ja saatteli uneen.

Isä vaihtoi hevosia romanien kanssa ja koulutti niitä. Isä piti hevosista hyvän huolen ja harjasi niitä. Romanit kävivät ja monesti ja sanoivat mm.: "Hai, minäpä kampaan tukkani tuossa Einon hevosen lautasessa" tarkoittaen että mustan hevoseen karva kiilsi niin, että siinä voi peilata, kun kampasi tukkaa. Siistimmät mustalaiset saivat joskus jäädä jopa yöksi meille.

Koulumuistot

Päällimmäisenä tulee mieleen, kun minä Ensio ihastuin varmaankin ensimmäistä kertaa, naisopettaja Holstikkoon. Hän oli minulle kiltti ja lempeä ja mukava, kun ei tarvinnut olla kotitehtävät ajan tasalla. Pajukon Onerva oli toinen opettaja, joka myös tykkäsi minusta eikä välittänyt änkyttämisestäni ja oli mukava oppia asioita hyväksyttynä.

Onneksi olin urheilussa ja puutöissä yms. hyvä, niin pärjäsin koulussa sen takia. Puutöiden opit oli hyviä, joista on ollut apua ja hyötyä elämän varrella.

Yksi miesopettaja oli ilkeä, hän ei ymmärtänyt lukihäiriöistä Enskaa, vaan kiusasi aina. Urheilutunnit oli kivoja. Esimerkiksi, kun juostiin viestiä ja kuinka ollakaan aina minun porukkani voitti!

Puolukoitten poimiminen koululle ei ollut kivaa. Naapurin Pekan kanssa mentiin kouluun ja kerran puolessa välissä matkaa ei haluttukaan mennä. Menimme puolukkametsään ja laitoimme puolukoita leivän päälle. Sitten kiipeiltiin puihin ja käytiin katsomassa katiskat ja saatiin paljon kaloja. Unohdettiin koko koulupäivä. Oltiin koko päivä karussa siihen asti, kun muut jo pääsivät koulusta ja mentiin samaan aikaa kotiin kun muutkin.

Kyläkaupan ohi mentiin kouluun ja oli hienoa, kun saatiin isoveljiltä tai vanhemmilta vähän rahaa, niin ostettiin joskus, hyvin harvoin, punaista limua ja munkkipossu. Niitä mentiin metsänlaitaan syömään ja juomaan. Se oli hurjan hyvää ja iso tapahtuma nauttia niistä eksoottisista herkuista.

Me Raimon kanssa kannustettiin hiihtäjä Arto Tiaista ja muut kannustivat Veikko Hakulista. Siitähän kehkeytyi liiterin takana tappelu. Raimo ja Keijo ehtivät tapella jo niin, että nenät vuotivat verta. Tytöt menivät kertomaan opettajalle niin tappelu loppui ja Enskan nenä säästyi. Taisi siitä tulla meille vähän jälki-istuntoa.

Harrastukset ja vapaa-aika

Vapaa-aikana urheiltiin paljon. Meille kylän pojille oli esimerkkinä vanhempi veli Esa, hän pärjäsi kunnallisissa kisoissa hyvin yleisurheilussa, hän piti meille sarjakilpailuja hiihdossa ja yleisurheilussa.

Meillä olivat kaikki sisarukset ja kaverit kovia tanssimaan. Niinpä rakennettiin tanssilava kylän keskustaan talkoilla. Siellä tanssittiin monet kesäjuhlatanssit ja tämmöiset ns. pikatanssit. Me poikaveijarit tuumattiin aina joskus, että pidetään kylän aikuisille tanssit.

Osa pojista lähti kiertämään talosta taloon ja kertomaan, että tänään on tanssit. Osa lähti vetämään sähköjä lavalle, johtoja piti vetää 500 metrisen suon yli Myllymäen talolle ja piti saada houkuteltua Myllymäen Väinö gram-marin kanssa soittamaan. Annikki Tähden ja Eino Grönin mm. pyörivät soittimessa.

Vanhat työkalut ovat
siirtyneet museoon.
Kuva: Anita Salmi

Maitokärryillä vietiin iso 100 kg painava kaappigrammari lavalle. Väinö oli mukava mies ja jaksoi pyörittää grammaria. Niin soitto soi pitkälle iltaan.

Väinö vei meitä isompana tansseihinkin Kinnulaan, Ruuhilahden lavalle, Nekkarilla, se oli neljän hengen auto mutta sopi sinne kuusi, seitsemänkin. Olimme hoikkia poikia.

Lentojätkät ja kulkijat

Heinäntekoaikaan tuli lentojätkiä töihin, vaativat aina ilolientä ja vähän rahaa. Sitten homma kävi ja heinät lensivät riuskasti seipäälle.

Oli jännää, kun kylän miehet tulivat kylään ja ottivat vähän napanteriä ja rupesivat kertomaan sotareissuista. Me lapset kuunneltiin niitä salaa.

Erityisen mieleenpainuva mies oli eräs ojankaivaja, joka oli kooltaan iso mies. Hänen kämmenensäkin olivat kuin lapiot. Hän tuli maanantaisin Mökälään Kaustiselta polkupyörällä, ajoi siis noin 100 kilometriä suuntaansa ja lauantaina takaisin.

Mies nukkui meidän tuvan lattialla, reppu pöydän alla. Hänellä oli eväänä ruisleipää, pieni nokare voita ja silakoita voipaperiin käärittynä sekä äidin antamaa maitoa ja kotikaljaa. Hän kaivoi 7 hehtaarin pelto-ojat, oli niin riuska mies.

Mökälästä maailmalle

Stenmanin sisarukset lähtivät melkein kaikki Tampereelle erilaisiin työtehtäviin. Tätä muistelmaa kirjoittanut nuorin, Ensio Stenman, toimii vielä pehtoorina Mäntsälässä, Hirvihaaran kartanossa. Kartanolla on ollut hyvänä ja tärkeänä apuna Mökälässä opitut taidot.

Lisäisin vielä että kaikki sen aikaiset ja siellä asuneet kaverit ovat pärjänneet hyvin elämässään. Olen jututtanut tosi monia Mökälästä kotoisin olevia ja kaikilla on kotiseudulta saatu vahva elämänvoima ja usko työhön sekä ihmisiin säilynyt.

Muistojen Mökälä - kyläläiset kokoontuivat vuosikymmenten jälkeen

Perhonjokilaakso // Torstaina 1. elokuuta 2024

Mökäläläiset tapasivat vuosikymmenten jälkeen

ANITA SALMI

Suomen lippu liehui juhlan merkiksi tangossa, kun entiset mökäläläiset kokoontuivat yhteiseen kesätapaamiseen 26.7. Jängän Urheilutalolle. Samana päivänä alkoi myös Perho-viikko, vaikka viralliseen ohjelmaan tätä tilaisuutta ei oltu osattu ilmoittaa.

Tilaisuuden juuret juontavat ns. Mökälä-kirjan*) tekemiseen (2019), kun siihen koottiin muistoja asutustilallisten lapsilta sen ohella, että se sisälsi muuta tietoa Mökälästä, sen historiasta ja asutuskylän synnystä sodan jälkeen. Tuolloin muutaman talon erämaakylään, tiettömien taipaleiden taakse, asutustiloille, muutti perheineen 20 rintamamiestä, joista jotkut olivat sodassa saaneet myös jonkin fyysisen vamman. Joskin henkisiltä traumoilta tuskin kukaan sodassa olleista säästyi.

Muistoja koottaessa Ensio Stenman esitti toiveen entisten mökäläläisten tapaamisesta. Hän myös oli eräs tämän tilaisuuden pääorganisoija, Pirkko Kauppisen (o.s. Varvikko) ohella. Paikalle saapuikin 60-70 osallistujaa eri puolilta Suomea ja jokunen Ruotsistakin.

Tapaaminen kylässä ei ollut mahdollinen, koska paikkaa siihen ei ole. Mökälä on aikaa sitten tyhjentynyt väestä, siellä asuu enää jokunen perhe. Kylä kuitenkin oli vilkas ja elävä runsaan 20 vuoden ajan, mutta hiipui vähitellen, kuten monet maaseutukylät Suomessa 1960-1970-luvulta alkaen.

Sopivaksi lähimmäksi tilaksi valittiin Jängän urheilutalo ja siellä, nyrkkeilijä Olli Mäen mukaan nimitetyssä, Hymyilevän miehen salissa, vietettiin aikaa kahvituksen, muistelujen ja yhteislaulun merkeissä. Joku osallistuneista muisteli olleensa nuorena miehenä kavereiden kanssa seuraamassa salissa näytösotteluita. Olli Mäki ja muutamia muita nyrkkeilijöitä Ykspihlajan Reimasta, Kokkolasta, oli ollut paikalla ja olivat esitelleet, miten harjoitellaankin. - Sukkela Olli Mäki oli, kun han hyppi narua, ei sitä narua edes kunnolla näkynyt, niin nopeaa oli. Esitysten tarkoitus oli saada ehkä uusia harrastajia.

MONILLA mökäläläisillä edellisestä kasvokkain tapaamisesta saattoi olla jopa 50-60 vuotta, mutta "näöstä" tunnettiin. Pitihän toki monilta nimi kysyä. Ihmiset muuttuvat, hiusten värikin ja ulkoinen olemus muutoin.

Ohjelmassa, pihalla, oli myös makkaranpaistoa ja pieniä, perinteisiä kilpailuja, esim. renkaanheittoa. Ukkonen ja kaatosade tosin pysäyttivät pihapuuhat toviksi. Sisätiloissa oli mahdollisuus vielä tanssiin orkesterin tahdissa.

Mökälä-kirjan ensimmäinen painos on loppunut, mutta kysyntää sillä edelleen on, joten tarkoituson teettää siitä uusi, hieman uudistettu painos eri kustantajalla. Sen julkaisusta tiedotetaan myöhemmin, minkä jälkeen sitä voi tilata.

Mökäläläiset suunnittelevat tapaavansa jälleen parin vuoden kuluttua. Työryhmä ryhtyy järjestelemään seuraavaa tilaisuutta. Ryhmään kuuluvat Heli Myllymäki, Anita Salmi, Seppo Salmi ja Ensio Stenman.

*) Mökälä-kirjan varsinainen nimi on: Asutustoiminnalla luotiin kylä tyhjästä, Perhon Mökälä kukoisti hetken korvenraivaajien työllä. Tekijät: Anita Salmi ja Olavi Salmi.

Antti Salmi

Tilaisuuden osallistujia Jängän Urheilutalolla. Mökälässä paikkoja kokoontumiseen ei enää ole.

Juttu Perhonjokilaakso 1.8.2024, teksti ja lisää kuvia seuraavalla sivulla.

Mökäläläiset tapasivat vuosikymmenten jälkeen
Hymyilevän miehen sali Jängällä tarjosi mukavat puitteet

Suomen lippu liehui juhlan merkiksi tangossa, kun entiset mökäläläiset kokoontuivat yhteiseen kesätapaamiseen 26.7. Jängän Urheilutalolle. Samana päivänä alkoi myös Perho-viikko, vaikka viralliseen ohjelmaan tätä tilaisuutta ei oltu osattu ilmoittaa.

Tilaisuuden juuret juontavat ns. Mökälä-kirjan*) tekemiseen (2019), kun siihen koottiin muistoja asutustilallisten lapsilta sen ohella, että se sisälsi muuta tietoa Mökälästä, sen historiasta ja asutuskylän synnystä sodan jälkeen. Tuolloin muutaman talon erämaakylään, tiettömien taipaleiden taakse, asutustiloille, muutti perheineen 20 rintamamiestä, joista jotkut olivat sodassa saaneet myös jonkin fyysisen vamman. Joskin henkisiltä traumoilta tuskin kukaan sodassa olleista säästyi.

Muistoja koottaessa Ensio Stenman esitti toiveen entisten mökäläläisten tapaamisesta. Hän myös oli eräs tämän tilaisuuden pääorganisoija, Pirkko Kauppisen (os. Varvikko) ohella. Paikalle saapuikin 60-70 osallistujaa eri puolilta Suomea ja jokunen Ruotsistakin.

Tapaaminen kylässä ei ollut mahdollinen, koska paikkaa siihen ei ole. Mökälä on aikaa sitten tyhjentynyt väestä, siellä asuu enää jokunen perhe. Kylä kuitenkin oli vilkas ja elävä runsaan 20 vuoden ajan, mutta hiipui vähitellen, kuten monet maaseutukylät Suomessa 1960-1970-luvulta alkaen.

Sopivaksi lähimmäksi tilaksi valittiin Jängän urheilutalo ja siellä, nyrkkeilijä Olli Mäen mukaan nimitetyssä, Hymyilevän miehen salissa, vietettiin aikaa kahvituksen, muistelujen ja yhteislaulun merkeissä. Joku osallistuneista muisteli olleensa nuorena mihenä kavereiden kanssa seuraamassa salissa näytösotteluita. Olli Mäki ja muutamia muita nyrkkeilijöitä Ykspihlajan Reimasta, Kokkolasta, oli ollut paikalla ja olivat esitelleet, miten harjoitellaankin. - Sukkela Olli Mäki oli, kun hän hyppi narua, ei sitä narua edes kunnolla näkynyt, niin nopeaa oli. Esitysten tarkoitus oli saada ehkä uusia harrastajia.

Tilaisuuden osallistujia Jängän Urheilutalolla. Mökälässä paikkoja kokoontumiseen ei enää ole. Kuvat: Anita Salmi.

"Tavattiin taas"

Monilla mökäläläisillä edellisestä kasvokkain tapaamisesta saattoi olla jopa 50-60 vuotta, mutta "näöstä" tunnettiin. Pitihän toki monilta nimi kysyä. Ihmiset muuttuvat, hiusten värikin ja ulkoinen olemus muutoin.

Mökälä-kirjan ensimmäinen painos on loppunut, mutta kysyntää sillä edelleen on, joten tarkoitus on teettää siitä uusi, hieman uudistettu painos eri kustantajalla. Sen julkaisusta tiedotetaan myöhemmin, minkä jälkeen sitä voi tilata.

Mökäläläiset suunnittelevat tapaavansa jälleen parin vuoden kuluttua. Työryhmä ryhtyy järjestelemään seuraavaa tilaisuutta. Ryhmään kuuluvat: Heli Myllymäki, Anita Salmi, Seppo Salmi ja Ensio Stenman.

*) Mökälä-kirjan varsinainen nimi on: Asutustoiminnalla luotiin kyliä tyhjästä, Perhon Mökälä kukoisti hetken korvenraivaajien työllä. Tekijät: Anita Salmi ja Olavi Salmi.

Anita Salmi

Seppo Perkkarisen (oik.) yhtye säesti yhteislaulussa ja myös tanssia.
Muut soittajat vas. Niina Jauhiainen, Kirsti Ahola ja Timo Pekkarinen.

Grillaus-
puuhissa.

Kirjan tekijät:

Anita Salmi

Lähti 16-vuotiaana kotikonnuilta Kokkolaan lukioon. Työskenteli pääosan työurastaan Keskipohjanmaan Pietarsaaren aluetoimittajana. Koulutus: yhteiskuntatieteiden maisteri, hallintotieteiden tohtori (aluetiede pääaineena).

Olavi Salmi

Työskenteli 25-vuotiaaksi asti vanhempiensa asutustilalla Mökälässä. Sen jälkeen metsä- ja huonekalu-teollisuuden puunhankinta- ja markkinointi-tehtävissä. Koulutus: metsätalousinsinööri, metsänhoitaja.